自卑與超越

那些不完美的，才是人生

阿德勒反省自我、了解自己的經典智慧

本書是個體心理學的創始人、奧地利著名心理學家阿弗瑞德·阿德勒（Alfred Adler）博士的代表作品。

阿德勒在該書中，運用個體心理學原理，對人在日常生活中面臨的種種問題，進行了細密的解剖，指點迷津、破疑解困。

劉泗 譯

譯者序

　　《那些不完美的，才是人生》是個體心理學的創始人、奧地利著名心理學家阿弗瑞德・阿德勒（Alfred Adler）博士的代表作品。阿德勒在該書中，運用個體心理學原理，對人在日常生活中面臨的種種問題，進行了細密的解剖，指點迷津、破疑解困。該書筆調平易優美，對人類個體心理的描述和解釋獨闢蹊徑、細緻入微、客觀而精辟，被認為是分析個體心理的經典之作，出版以來一直暢銷不衰。

　　一八七○年，阿弗瑞德・阿德勒博士生於奧地利首都維也納郊區，是一名猶太商人的兒子。他自幼體弱多病，在患過一場幾乎致命的肺炎之後，他決心當一名醫生，克服死亡對人類的威脅。他曾是佛洛依德的親密朋友，也是精神分析學派的重要人物。但觀點上的分歧，使兩人分道揚鑣，阿德勒創立了影響深遠的個體心理學派。

　　自卑感，是阿德勒個體心理學最基本的概念。他認為，人在生活中，時刻都可能產生自卑感，比如先天的、心理上的缺陷、出生後在家庭中的地位、走上社會

後人與人之間的利害衝突等等，都可能讓人產生不滿、不得志、比別人差的情緒。在阿德勒看來，自卑感並非病態，也不可恥，相反的，它可以激發人的創造性力量，成為人奮發向上的巨大動力。因此，自卑感及其克服、超越，可以使人完善自我，是人類走向成功的起點和橋樑，也是人類文化不斷進步的推動力量。

《那些不完美的，才是人生》出版於一九三二年，正值阿德勒的思想最成熟的時期。他以人類生活中的三大問題：職業、婚姻、與他人的關係為核心，分析了自卑感、優越意識、反叛性格的產生，對性、夢、精神病患者、犯罪行為，提出了獨到且令人信服的解釋，對如何處理家庭關係、人我關係、教育兒童等問題，總結出極具啟發性的原則和經驗。

《那些不完美的，才是人生》被西方人視為反省自我、了解自己和他人的生活風格，從而更真實了解自我和他人的經典代表作。也有人認為它補足了《聖經》的某些缺憾——喚起人超越自卑、追求卓越的勇氣，讓人重新確立對生活的自信，找到堅定的信仰和健康、樂觀和人生哲學。阿德勒對人的「社會興趣」、「合作精神」的強調，還被認為是醫治現代人過度注重自我而導致的心理疾病的一帖良藥。

第三章　超越自卑情結

第六章　家庭對人生的影響

第七章　學校如何影響一個人

第十二章　愛情與婚姻

附　錄　阿德勒超越自卑的一生

第一章
生活的意義

我們一直是用我們賦予現實的意義來感受世界的。

我們所感受到的，不是現實本身，

而是經過解釋的東西。

因此，我們可以說：「這些意義多多少少都是不完

全的，它們甚至不是完全正確的。」

意義的領域，就是充滿了錯誤的領域。

＊人為什麼活著

　　人類生活在「意義」的領域當中。我們在生活中經驗到的，不僅是單純的環境，而是環境對人類的重要性。即便是環境中最單純的事物，我們的經驗也是透過目的來加以衡量的。如果有哪一個人想脫離意義的範疇，使自己生活於單純的環境之中，那麼他一定很不幸——因為他將自己隔絕於他人，他的舉動對他自己或別人都絲毫不起作用，不具任何意義。

　　我們一直是用我們賦予現實的意義來感受世界的。我們所感受到的，不是現實本身，而是經過解釋的東西。因此，我們可以說：「這些意義多多少少都是不完全的，它們甚至不是完全正確的。」意義的領域，就是充滿了錯誤的領域。

　　如果我們問一個人：「生活的意義是什麼？」他很可能回答不上來。一般來說，人們若不是不願拿這個問題來使自己困擾，就是用老生常談式的回答來搪塞。

　　然而，自有人類歷史以來，這個問題便已經存在了，人們常會這樣呼喊：「我們是為什麼而活的？生活的意義是什麼？」

　　但是，只有在遭遇到失敗的時候，人們才會發出這樣的疑問。如果每件事情都平淡無奇、一帆風順，那麼這個問題就不會被提出來了。

其實每個人都把這個問題的答案，表現在自己的行為當中。

如果我們不聽一個人說的話，只觀察他的行為，我們就會發現——他有他個人的「生活意義」。他的姿勢、態度、動作、表情、禮貌、野心、習慣、特徵等等，都遵循這個意義而行。

他的風格，表現出他對某種生活的解釋深信不疑，他的一舉一動，都蘊涵著他對世界和自己的看法。他的身上透露出：「我就是這個樣子，宇宙就是那種狀態。」這就是他賦予自己和生活的意義。

生活意義因人而異，多得不可勝數。而且，每一種意義多少都含有錯誤的成分，沒有人擁有絕對正確的生活意義。但是，只要是被人們應用的生活意義，不會是絕對錯誤的。所有的意義都在這兩端之間變化。

在這些變化裡，我們可以將各種答案分出高下，有的很美妙，有的很糟糕，有的錯得多，有的錯得少。我們還能夠發現，較好的意義具有一些共同特質，而較差的意義又都缺少那些東西。這樣，我們可以得到一種科學的「生活意義」，它是真正意義的共同尺度，也能使我們回答與人類有關的現實「意義」。

在這裏，我們必須牢牢記住：「真實」指的是人

類的眞實，對生活目標和計劃的眞實。除此之外，別無眞理。

＊生活中不可迴避的三大問題

　　每個人都有三種重要的聯繫，這些聯繫構成了個人的生活，個人面臨的問題，也是這些聯繫所造成的。由於人們必須不斷的回答這些問題，他的回答就能表現出他對生活意義的個人概念。

　　這些聯繫之一是 —— 我們居住在地球這個貧瘠星球的表面上，無處可逃。我們必須在這個局限下，藉居住之處供給的資源而成長，我們必須發展我們的身體和心靈，以保證人類的將來能夠延續。這是每個人都必須回答的問題，沒有人能逃開。無論我們做什麼事，都是對人類生活情境的解答，顯現出我們心目中認爲必要、合適、可能及有價值之事。但這些解答都被「我們屬於人類」，以及「人類居住於地球上」等事實所限制。

　　當我們考慮到人類肉體的脆弱性，以及所居環境的不安全性時，我們可以看到 —— 爲了自己的生命和整個人類的福址，我們必須拿出勇氣來確定我們的答案。

　　這就像做數學題一樣，我們必須努力尋求答案。不能單憑猜測，也不能心存僥倖，必須用能力所及的

各種方法，堅定的算下去。

雖然不能發現絕對完美的永恆答案，然而，卻必須運用我們的才能，找出近似的答案。這個答案必須針對「我們受限在地球表面上」這件事實，以及我們居住的環境帶給我們的種種好處和災害。

現在，我們談一談第二種聯繫。我們並不是人類種族的唯一成員，四周還有其它人。我們活著，就必須要和他們發生聯繫。

個人的脆弱性和種種限制，使得他無法單獨達到自己的目標。如果他只有一個人孤零零的活著，並且想單憑自己的力量來應付問題，他必然會死掉。他不但無法保持自己的生命，人類的生命也無法延續下去。

因此，對生活問題的每一種答案，都必須把這種聯繫考慮在內，也就是——「我們生活在和他人的聯繫之中，如果我們變得孤獨，必將滅亡」這件事實。

我們最大的問題和目標就是——在我們居住的星球上，和同類合作，以延續生命和人類的命脈。要生存下去，我們的情感就必須和這個問題與目標互相協調。

我們也被第三種聯繫束縛住——人類有兩種性別。

個人和團體共同生命的保存，都必須顧及這個事

實。愛情和婚姻就屬於這種聯繫。男人和女人都不能對這個問題避而不答。人們可以用許多不同的方式，來解決這一個問題，他們的舉動，就表現出他們認為可以解決這個問題的最佳方法。

這三種聯繫構成了三種問題——如何謀求一種職業，以便在地球的天然限制之下得以生存？如何在我們同類之中獲得地位，以便能互助合作並分享合作的利益？如何調整自身，以適應「人類存在有兩種性別」，和「人類的延續和擴展，有賴於我們的愛情生活」？

個體心理學（individual psychology）發現，生活中的每一個問題，幾乎都可以歸類在職業、社會和性這三個主要問題之下。每一個人對這三個問題作反應時，都明白的表現出他對生活意義的最深層的感受。

＊「生活意義」的尺度

如果有一個人，他的愛情生活不盡理想，對工作不用心，朋友也不多。他並發現，和同伴接觸是件痛苦的事。那麼，由他生活中的這些拘束和限制，我們可以斷定——他一定會感到「活下去」是件艱苦而危險的事，他有著太少的機會和太多的挫折。他活動範圍的狹窄，可以用他的判斷來加以了解——「生活的意義是保護自己以免受到傷害，把自己包圍起來，避

免和他人接觸。」

反過來說，如果有一個人，他的愛情非常甜蜜融洽，工作取得了可觀的成就，朋友很多，交遊廣闊且成果豐碩。我們能斷定，這樣的人必然會感到：生活是件富於創造性的歷程，它提供了許多機會，沒有不可克服的困難。他應付生活中各種問題的勇氣，可以用下面的話語來了解——「生活的意義是對同伴發生興趣，作爲團體的一分子，並對人類福址貢獻出自己的一份力量。」

在這裡，我們可以看出錯誤「生活意義」的共同尺度，和正確「生活意義」的共同尺度。

所有失敗者——精神病患、罪犯、酗酒者、問題少年、自殺者、娼妓——之所以失敗，就是因爲缺乏從屬感和社會興趣。

他們在處理職業、友誼和性等問題時，都不相信可以用合作的方式加以解決。他們賦予生活的意義，是一種屬於個人的意義——他們認爲，沒有哪個人能從完成其目標中獲得利益，他們的興趣也只停留在自己身上。他爭取的目標是一種虛假的個人優越感，成功也只有對他們自身才有意義。

謀殺者在手中握有一瓶毒藥時，可能體會到一種權力感，但是，很明顯的，對別人而言，擁有一瓶毒藥並不能抬高他的身價

事實上，屬於私人的意義是完全沒有意義的，意義只有在和他人交往時才存在。我們的目標和行為也是一樣，它們的唯一意義，就是對別人的意義。每個人都努力想使自己變得重要，但是如果他不能了解，人類的重要性，是由對他人生活所作的貢獻而定，那麼他一定會踏上錯誤的道路。

　　這裡有一則關於一個小宗教團體領袖的軼事。

　　有一天，她召集了她的教友，告訴他們，世界末日在下星期三就要來臨了。教友們在震驚之下，變賣了自己的財產，放棄了世俗雜念，等待天災地變到來。

　　結果，星期三就像平常一樣過去了。星期四，一群人召集起來，向她興師問罪：「看看我們的處境吧！」他們說，「我們放棄了所有的保障，還告訴每一個遇到的人。我們還充滿信心，因為消息是從絕對權威那兒聽來的。現在星期三已經過了，世界怎麼仍然完整無恙呢？」

　　「可是，」這位女先知說道，「我的星期三並不是你們的星期三呀！」她就用屬於她私人的意義，來逃避別人的攻擊。屬於私人的意義實在是經不起考驗的。

　　所有真正「生活意義」的標誌是 —— 它們都是共同的意義，它們是別人能夠分享的意義，也是能被人

認爲有效的意義。

　　能夠解決自己生活問題的好方法，必然也能爲他人解決類似的問題。因爲我們在其中可以看出，如何用成功的方式來應付共同的問題。表現於這種生活中的意義必須是：「對團體貢獻力量」。

＊個人生活的陰暗面

　　在這裡，我們談的不是職業動機。

　　我們只注意成就。能夠成功應付人類生活問題的人，他顯然已經了解，生活的意義，在於對他人發生興趣以及互助合作，當他遭遇困難時，會用不和別人的利益發生衝突的辦法來加以克服。

　　對許多人來說，這很可能是一種新的觀點。他們也許會懷疑，我們賦予生活的意義，是否眞應該是──奉獻、對他人發生興趣和互助合作。

　　他們或許會問：「對於自己，我們又該做些什麼呢？要是老是考慮他人，老是爲他人的利益而奉獻自己，豈不是要感到痛苦？如果一個人喜歡適當發展自己，至少他也應該爲自己設想吧？我們難道不應該學習怎樣保護自身的利益，或加強我們本身的人格嗎？」

　　阿德勒認爲，這種觀點只是虛假的問題。如果一個人眞的希望對他人能有所貢獻，他的情緒也指向這

個目標，他自然會把自己調整在最有貢獻的理想狀態。他會以他的社會感覺來訓練自己，也會從練習中獲得種種技巧。認清目標後，學習就會隨之進行。慢慢的，他會開始充實自己以解決這三種生活問題，並擴展自己的能力。

以愛情與婚姻爲例，如果你深愛著你的情人，會致力於充裕所愛的人的生活，也會竭盡所能的表現出自己的才華。如果我們沒有奉獻的目標，只想憑空發展自己的人格，那只是裝腔作勢，徒然使自己更不愉快而已。

另外還有一點足以證明，奉獻乃是生活的眞正意義。

今天，檢視我們從祖先手裡接下來的遺物，我們將會看到什麼？

我們看到開發過的土地，看到公路和建築物。在傳統中、在哲學裡、在科學和藝術上，以及在處理人類問題的技術方面，我們都看到了他們互相交流生活經驗的成果。這些成果都是對人類福址有所貢獻的人們留下來的。

其他的人又怎樣呢？那些只會問：「我們怎樣逃避生活」的人，怎麼樣了呢？他們身後一點痕跡也沒有留下。他們不但已經消逝，他們的整個生命也是貧瘠不堪的。

當然，在現代文化中，仍可以看到許多不完美之處，當我們發現弊病，應該改善它。了解這種事實的人是到處都有。他們知道，生活的意義是對人類全體發生興趣，他們也努力的培養愛情和社會興趣。

在各種宗教中，我們都能看到這種救世濟人的情懷。世界上所有偉大的運動，都是人們想要增加社會利益的結果，宗教就是朝此方向努力的最大力量之一。個體心理學用科學方式，也獲得同樣的結論。我相信，它還能更進一步。

由於科學使人類對其同類的興趣大為增加，所以它或許比政治或宗教等其他運動，更能接近這一目標。我們從各種不同的角度探討此問題，但目標卻始終如一——增加對別人的興趣。

＊錯誤的生活風格

因為這種生活的意義，其性質有如我們事業的守護神或隨身惡魔，所以我們需要了解意義是如何形成的，彼此之間有哪些不同。如果犯了重大的錯誤，又應如何糾正？這是屬於心理學的研究範疇。心理學有別於生理學或生物學，就是它能利用「意義」對人類行為及未來的影響，來增進人類的福址。

從呱呱墜地那一天起，我們就在摸索著尋找這種「生活的意義」。即使是嬰孩，也會設法要估計一下

自己的力量，和這力量在環繞著他的整個生活中所占的分量。

在生命開始第五年後，兒童已發展出一套獨特而固定的行為模式，這就是他日後的人生風格。此時，它已經產生「對世界和自己應該期待些什麼」的最深層和最持久的概念。

以後，他就經由一張固定的統覺表（scheme of Apperception）來觀察世界。經驗在被接受之前，就已經預先解釋，而這解釋又是依照最先賦予生活的意義而進行的。即使這種意義錯得一塌胡塗，這種處理問題的方式，會帶來不幸和痛苦，它們也不會輕易被放棄。

只有重新檢討造成這種錯誤解釋的情境，認出錯誤之所在，並修正統覺表，這種生活意義中的錯誤才能被矯正過來。

在少數的情況下，個人也許會被錯誤風格的結果逼迫，而修正他所賦予生活的意義，並憑自己的力量完成這種改變。

但是，如果沒有社會的壓力，加上他又看不到自己的我行我素會使他陷入絕境，那麼他必然不會有所改變。

這種風格的修正，大部分要借助於某些受過訓練且了解這些意義的專家，他們能幫助發現最初的錯

誤，並從旁建議一種更為合適的意義。

讓我們舉個例子證明，童年時的情境可以用許多不同方式來解釋，甚至是可能被賦予完全相反的意義的。

那種正確對待生活中不愉快經驗的人，他的經驗除了能告訴他該防患於未然外，那種不愉快不會影響他們。他會覺得：「我必須努力改變這種不良環境，以保證我的孩子的未來。」

然而，另一種人會覺得：「生活是不公平的，別人總是占盡了便宜。既然世界這樣待我，我為什麼要善待世界？」有些父母也會告訴他們的孩子：「我小時候也遭受過許多苦難，我都熬下去了。為什麼你們就不能吃些苦頭？」第三種人則可能覺得：「由於我不幸的童年，我做的每件事都是情有可原的。」

這三種人的解釋，都會表現在他們的行為中，除非他們改變他們的解釋。在這裡，個體心理學揚棄了決定論。經驗並不是成功或失敗的原因。我們不會被經驗過的打擊所困擾，我們只是從中取得決定我們目標的東西。

當我們以某種特殊經驗，作為自己未來生活的基礎時，很可能就犯了某種錯誤。意義不是被環境所決定的，我們以賦予環境的意義決定了自己。

* 第一種失敗者──自卑情結

在兒童時期，某些情況很容易孕育出嚴重的錯誤意義。大部分的失敗者，都是在這種情境下成長的兒童。

首先，我們要考慮的是嬰兒時期曾患病或因先天因素，而導致身體器官缺陷的兒童。

這種兒童心靈的負擔很重，他們很難體會到生活的意義在於奉獻。除非有和他們很親近的人，能把他們的注意力引到他人身上，否則他們大都只會關心自己的感受。

之後，他們還可能因為和周圍的人比較而感到氣餒。他們甚至還會因為同伴的憐憫、揶揄或逃避，而加深其自卑感。這些環境都可能使他們轉向自己，喪失在社會中扮演有用角色的希望，並認為自己被這個世界所侮辱。

研究器官缺陷或內分泌異常兒童所面臨的困擾，阿德勒是第一人。他一直想找出可以克服這種困難的方法，而非尋找能夠把失敗的責任，歸之於遺傳或身體環境的證據。

器官的缺陷，並不能強迫人們採取錯誤的生活生方式。內分泌腺不會在兩個兒童身上，產生同樣的效果。我們不但經常看到兒童克服這種困難，他們在克服這些困難時，還發展出非常有用的才能。

在這方面，個體心理學並不鼓吹優生學的選擇。有許多對我們文化有重大貢獻的傑出人才，都有器官上的缺陷，他們的健康經常很差，有的還會早夭。

但是，這些努力克服身體或外在環境困難的人，造成了許多新的貢獻和進步。奮鬥使他們堅強，也使他們奮勇向前。光看身體，我們無法判斷心靈的發展將會變好或變壞。可是，器官或內分泌腺有缺陷的兒童，絕大多數都沒有被導正向正途，困難也沒有被了解，結果他們大多數變得只對自己有興趣。因此，我們在早年生活曾因器官缺陷而感受到壓力的兒童之中，便發現了許許多多的失敗者。

* 第二種失敗者——過份放縱私欲

第二種經常在賦予生活的意義中造成錯誤的，是把兒童嬌縱寵壞的情境。

被嬌寵的兒童，大都會期待別人把他的願望當鐵律看待，他無須努力便能成為天之驕子。通常他還會認為，與眾不同是他的天賦權利。

結果，當他進入一個不是以他為注意中心的情境，別人也不以他的感覺為主要目的之時，就會若有所失而覺得世界虧待了他。

他被訓練為只獲得、不付出，從未學會用別的方式來對待問題。別人老是服侍著他，使他喪失了獨立

性，他也不知道能爲大家做些什麼。當面臨困難時，他只有一種應付的方法——乞求別人的幫助。他可能認爲，如果能強迫別人承認他是特殊人物，那麼他的情況就能大爲改進善了。

被寵壞的孩子長大之後，很可能成爲我們社會中最危險的一群。

他們有些人會嚴重地破壞善良人的心態；他們會裝出「媚俗」的容貌，以博取擅權的機會，可是卻暗中打擊平常人在日常事務上所表現的合作精神。

還有些人會作出更公開的反叛——當他們不再看到他們所習慣的諂媚和順從時，會覺得自己被出賣了；他們認爲社會充滿了敵意，想要對所有的同類施加報復。如果社會眞的將他們的生活方式認爲是敵意，他們就會拿這種敵意，作爲他們被虐待的新證據。

這就是懲罰爲什麼總是不產生效果的道理，它除了加強「別人都反對我」的信念外，就一無所用了。被寵壞的孩子無論是暗中破壞或是公開反叛，無論是以柔術駕馭別人，或是以暴力施行報復，他們在本質上都犯著同樣的錯誤。

事實上，我們發現，有許多人先後使用著這兩種不同的方法，而其目標卻始終未變。他們覺得——「生活的意義是獨占鰲頭，使自己成爲最重要的人

物，並獲取心中想要的每件東西。」只要繼續將生活賦予這種意義，他們所採取的每種方法都是錯誤的。

＊第三種失敗者──被生活忽視

第三種很容易造成錯誤的情境，是被忽視的兒童。

這樣的兒童，從不知道愛與合作是什麼，他們建立了一種不把這些友善力量考慮在內的生活解釋。

我們不難了解，當他面臨生活問題時，總會高估其中的困難，而低估自己應付的能力，和旁人的幫助及善意。

他曾經覺得社會很冷漠，從此他會錯以為社會就是冷漠的。他不知道他能夠用有利別人的行為，來贏得感情和尊敬，因此，他不但懷疑別人，也不能信任自己。

事實上，感情的地位是任何經驗都無法取代的，母親的第一件工作，就是讓她的孩子感受到她是位值得信賴的人物，然後她必須把這種信任感擴大，直到成為兒童環境中的全部為止。

如果她的第一個工作 ── 獲得兒童的感情、興趣與合作 ── 失敗了，那麼這個兒童就不容易發展出社會興趣，也很難對其同伴有友好的感覺。

每個人都有對別人發生興趣的能力，但是這種能

力必須被啓發、被磨練，否則它的發展就會受到挫折。

如果有個完全被忽視、被憎恨或被排斥的兒童，我們很可能發現，他很孤單，不能和別人交往，無視合作的存在，也全然不顧能幫助他和別人共同生活的任何事物。

但是，在這種環境下生活的個人必然會死掉。兒童只要度過了嬰兒期，就可以證明，他已經受到了某些照顧和關懷。因此，我們不討論完全被忽視的兒童，只看那些受到的照顧較少者，或只在某方面受到忽視，其他方面卻一如常人者。

我們的文明有種悲哀的諷刺，就是——有許多生活中的失敗者，其出身都是孤兒或私生子。通常，我們都把這種兒童歸納到被忽視的兒童之中。

這三種情境——器官缺陷、被嬌縱、被忽視——最容易使人將生活賦予錯誤的意義。這些情境中成長的兒童，幾乎都需要幫助，以修正他們看待問題的方式。他們必須接受幫助，選擇較好的生活意義。

＊早期的回憶

如果我們對他們有真正的興趣，也會在這方面下工夫，我們將能在他們所做的每件事情中，看出他們的意義。

夢和聯想已被證實很有用處。做夢時和清醒時的人格都是相同的，但是在夢中社會要求的壓力較輕，人格能不經過防衛和隱瞞而表現出來。

　　不過，要了解個人賦予自己和生活的意義，最大的幫助是來自其記憶。每種記憶都代表了某些值得他們回憶的事，不管他能想起的是多麼微乎其微。

　　回憶時，某件事之所以被想起，就是因為那件事在生活中占有份量——它表達了：「這是你應該期待之物」，或「這是你應該躲避之物」，或「這就是生活！」

　　經驗本身並不如留在腦海中而被凝結成為生活意義的記憶來得重要。每件記憶都是值得紀念之物。對於表明個人生活的特殊風格已存在多久，以及看出最先構成其生活態度的環節等方面，兒童早期的回憶是特別有用的。

　　早期的記憶之所以重要，有兩個原因——

　　第一，對自身和環境的基本估計都包含在裡面，它是個人將他的外貌、他對自己最初的整個概念，以及別人對他的要求等等，第一次綜合起來的結果。

　　其次，它是個人主觀的起點，也是他為自己所作記錄的開始。

　　因此，在早期的回憶裡，經常可以發現他覺得自己所處的脆弱和不安全的地位，以及被他當作理想的

強壯和安全的目標，與二者之間的對比。

　　至於被個人當做最初記憶的，是否確實為他所能記起的第一件事，或對事實的回憶，就心理學的目的而言則無關緊要。記憶的重要性，在於它們被「當做」何物、對它們的解釋，以及對現在及未來生活的影響。

＊形形色色的早期回憶分析

　　我們可以舉出最初記憶的例子，並看看它們所造成的「生活意義」。

　　「咖啡壺倒在桌子上，把我燙傷了。」這就是生活！

　　當我們發現用這種方式開始自述的女孩子，總是無法擺脫孤獨無助之感，而高估生活中的危險與困難時，我們不必驚訝。如果她在心中責備別人沒有好好照顧她，也不用驚奇。因為必定有某些人非常粗心大意，才會讓這樣幼小的嬰孩遭受這樣的危險！

　　在另外一個最初記憶中，也呈現出類似的景象：「我記得我三歲的時候，曾經從嬰兒車上摔下來。」伴隨著這種最早記憶，他反覆作著這樣的夢：「世界末日來臨。我在午夜醒來，發現天空被火照得通紅。星辰都紛紛往下墜落，我們也將和另一個星球相撞。可是，在撞毀之前，我醒過來了。」

當這個人被問到：你是否懼怕什麼東西時，他說：「我怕我不能在生活中獲得成功。」

他的最初記憶和反覆的惡夢，構成足以使他氣餒的心態，使他害怕失敗和災難。

一個由於尿床和母親不停發生衝突，而被帶到醫院來的十二歲男孩，說他的最初記憶是：「媽媽以為我走失了。她非常害怕的跑到街上大聲叫我，其實我一直躲在屋子裡的一個櫥櫃中。」

在這個記憶中，我們可以看到一種臆測：生活的意義是——用找麻煩來搏取注意。獲取安全感的方法就是欺騙。雖然被忽視了，但是我能愚弄別人。他的尿床也是用來使自己成為操心和注意中心的一種方法。母親對他所表現的焦慮和緊張，正加強了他對生活的這種解釋。

如前面的例子一樣，這個孩子很早就得到一種印象，以為外在世界中的生活是充滿危險的。他只在別人為他的行為擔憂時才感到安全。也只有用這種方式，他才能向自己保證，當他需要保護時，別人就會來保護他。

有個三十五歲的婦女，她的最初記憶是這樣的。

「三歲那一年，有一次我獨自走進地窖。當我在黑暗中走下樓梯時，比我稍大的堂兄也打開門，跟著我走下來。我被他嚇了一大跳。」

由這個記憶看來，她可能很不習慣和其他孩子一起遊戲，尤其是不喜歡和異性在一起。對於「她是個獨生女」的猜測，結果被證實是正確的，而她在三十五歲的年紀，也仍然沒有結婚。

由下面的例子，可以看出社會感更進一步的發展：「我記得媽媽讓我推妹妹坐的娃娃車。」

在這個例子中，我們還可能看到某些跡象顯示，她只有和比自己弱小的人在一起才覺得自在；以及她對母親的依賴。

當新嬰孩降生時，要得到年紀較長的孩子的合作，最好是讓他們幫忙照顧他，對他產生興趣，並承擔保護他的責任。如果得到了他們的合作，他們就不會把父母的注意力集中在娃娃身上一事，當做是對他們重要性的一種威脅。

想和別人在一起的欲望，必不一定是對別人真正有興趣的證明。

有一個女孩子，在被問到她最初記憶時，說道：「我和妹妹及兩個女孩子一起遊玩。」

在這裡，我們當然可以看出她正慢慢學習和別人交際，可是，當她提起最大的懼怕，「我怕別人都不理我」時，我們卻能察覺到她的掙扎。從這裡，我們能看出她還缺乏獨立性的徵兆。

*合作之道

一旦我們發現並了解生活的意義,就把握住了整個人格的鑰匙。

曾經有人說,人類特徵是無法改變的,然而,只有對那些未曾把握解開這種困境之鑰的人而言才是如此。但是如果無法找出最初的錯誤,那麼討論或治療就沒有效果。改進的唯一方法,在訓練他們更能與他人合作,及更有勇氣的面對生活。合作也是我們所擁有、防止精神病變傾向發展的唯一保障。

因此,兒童應該被鼓勵合作,被訓練合作;在日常工作及平常遊戲中,他們也該在同齡兒童之間,找出自己的行為模式。

對合作的任何妨礙,都會導致最嚴重的後果。

例如,學會只對自己有興趣的孩子,很可能把對別人缺乏興趣的態度帶到學校。他對功課有興趣,只因為他認為這樣做能換來老師的恩寵;他也只願意聽取他覺得對自己有利的事物。當他接近成年時,這種缺乏社會感會對他愈來愈不利。在他的毛病開始發生時,他已經不再為責任感和獨立性訓練自己,而他本身的素質,也不足以應付任何生活的考驗。

我們不能因為他的短處而責備他。當他開始嘗到苦果時,我們只能幫助他設法加以補救。

我們不能期待一個沒有上過地理課的孩子,在這

門課的考卷上會答出好成績；也不能期待一個沒有被訓練以合作之道的孩子，在面臨一個需要合作的工作時，會有良好的表現。

但是，每種生活問題的解決，都需要合作的能力，每種工作也都必須在人類社會結構之下，以能夠增進人類福祉的方式來進行。只有了解生活的意義在於奉獻的人，才能夠以勇氣和較大的成功機會來應付困難。

如果老師、父母及心理學家都能了解，人類將生活賦予某種意義時可能犯的錯誤，且如果他們自己卻沒有犯同樣的錯誤，我們就有理由相信，缺乏社會感的兒童，對他們自己的能力和對生活的機會，都可能會有更樂觀的看法。

當遇到問題時，他們不會停止努力、找尋捷徑、設法逃避、把肩上重擔推給別人、口出怨言以博取關懷同情，或覺得非常丟臉而自暴自棄，或問：「生活有什麼用處？它使我得到什麼東西？」

反之，他們會說：「我們必須開拓我們的生活。這是我們的責任，我們也能夠應付它。我們是自己行為的主宰。除舊佈新的工作，捨我其誰！」

如果每個獨立自主的人，都能以這種合作的方式來對待生活，那麼我們將能夠看出，人類社會的進步必然是無止境的。

第二章
心靈和肉體

人們爲「到底是心靈支配肉體，還是肉體控制心靈」這一個問題，一直爭論不休。參與爭論的哲學家們，稱自己爲唯心論者或唯物論者，各執一辭。他們提出了數以千計的論據，可是這個問題仍然懸而未決。

＊靈與肉的衝突

　　人們為「到底是心靈支配肉體，還是肉體控制心靈」這一個問題，一直爭論不休。參與爭論的哲學家們，稱自己為唯心論者或唯物論者，各執一辭。他們提出了數以千計的論據，可是這個問題仍然懸而未決。

　　個體心理學可能有助於這個問題的解決。因為在個體心理學中，是在研究肉體和心靈的動態相互關係。等待治療的病人，都具有肉體和心靈，如果治療的理論基礎錯誤，就無法幫助他。

　　我們的理論必須是從經驗中演繹出來的，也必須經得起實際應用的考驗。生活在這些相互關係中，就必須要接受尋求正確觀點的挑戰。個體心理學把這個問題所造成的緊張情勢，大部份消除掉了。靈與肉不再是水火不容的問題。

　　阿德勒認為肉體和心靈二者都是生活的表現，它們都是整體生活的一部分，而我們也開始以整體的概念，來了解其互相關係。

　　人類的生活，不只是可以四處走動的動物的生活，只發展肉體對他而言必然是不夠的。植物是生了根的，它們停留在固定的地方無法活動，如果植物能預見未來，它們的官能也一無所用。如果植物會想：「有人來了，他馬上就要踩到我，我將死在他的腳

下了。」這又有什麼用呢？植物仍然無法逃過它的劫難。

但是，所有能動的動物，都能預見並計畫他們所要前往的方向；這種事實使得我們不得不假設：他們都具有心靈或靈魂。

「你有思想，否則你就不會有動作，」註①

預見運動方向是心靈最重要的功能。認清了這一點，我們就能了解，心靈如何支配著肉體——它為肉體訂下了動作的目標。如果沒有努力的目標，只在不同時間，激發起一些散亂的動作，這是沒什麼用的。因為心靈的功能在於決定動作的方向，所以在生活中占著主宰的地位。

同時，肉體也影響著心靈，作出動作的是肉體。心靈只能被肉體擁有，它只可能在肉體發展出來的能力之內支配肉體。如果心靈想要使肉體奔向月亮，除非它先發明一種能克服身體限制的技術，否則便註定要失敗。

人類比其他動物更善於活動。我們不僅活動的方式較多——這一點，可由手的複雜動作中看出——而且，也較能利用活動，來改變圍繞我們的環境。

因此，我們可以預料，人類心靈中，預見未來的能力必將有最高度的發展；而且，人類也必會明顯的表現出，我們正有目地的奮鬥，以改變在整個環境中

所處的地位。

* 心靈的目標

　　在每個人身上，還能發現在朝向部分目標的各部分動作之後，還有一個可包含一切的單一動作──我們所有的努力，都是爲了要達到一種能獲得安全感的目標。這種感覺是生活中各種困難都已經被克服，而且在環繞著我們的整個情境中，也已經得到最後的安全和勝利。

　　針對這一目標，所有的動作和表現，都必須互相協調而結合成一個整體，心靈似乎是爲獲得最後的理想目標而被迫發展。肉體也是如此，它也努力要成爲一個整體。它還向一種領先存在於胚胎中的理想目標發展。

　　例如，當皮膚擦破時，整個身體都忙著要使它再度復原。然而，肉體並不只是單獨發展潛能，在發展過程中，心靈也會給予幫助。運動、訓練及一般衛生保健的價值都已經被證實，這些都是肉體努力爭取最後目標時，心靈所提供的助益。

　　從生命的第一天開始，到結束爲止，這種生長和發展的協力合作，都一直持續不斷。肉體和心靈像是不可分割的兩面而彼此相互合作。

　　心靈有如一輛汽車，利用肉體中能夠發現的所有

潛能，幫助把肉體帶入一種無論在各種困難下，都是安全而優越的地位。在肉體的每種活動中，在每種表情和病症中，都能讀到心靈目標的印記。

人活動，就有其意義存在。

他動他的腰、他的舌、臉部的肌肉，使得他產生一種表情、一種意義，而給予意義的，則是心靈。現在我們可以了解，心理學（或心靈的科學）的領域是：探討個人各種表情中的意義，尋找了解個人生活目標的方法，並以此和生活目標互相比較。

在爭取安全的最後目標，心靈必須使目標變得具體化，時時計算目標的特定位置，及行動的特定方向。

這時候當然有發生錯誤的可能性，但是如果沒有十分確定的目標和方向，就根本不可能有動作。心靈所選擇的方向，事實上可能是有害的，但它之所以被選上，則是因為心靈誤以為它是有利的。

所有心理上的錯誤，都是選擇動作方向的錯誤。安全的目標是全體人類所共有的，但是有些人錯認了安全所在的方向，而其執行的動作，將他們帶向墮落的軌跡。

*動作背後的意義

如果我們看到一種表現或病症，卻無法認出它背

後的意義時，要了解它的最好方法，就是先將它按外在分析成簡單的動作。

以偷竊的表現為例——

偷竊就是把別人的所有物據為己有。首先，它的目標是使自己富有，並擁有較多的東西，而讓自己覺得較為安全。

因此，這個動作的出發點是一種貧窮或匱乏之感。其次要找出這個人是處於何種環境中，以及他在什麼情況之下才覺得匱乏；最後，我們要看他是否採取正當方式，來改變這種環境，並克服其匱乏感。他的動作是否都遵循著正確的方向；或他是否曾經錯用了獲得所欲之物的方法。我們不必批評他的最後目標，但是我們卻能指出——他在實現其目標時，已經選擇了錯誤的途徑。

人類對環境所作的改變，我們稱之為文化，我們的文化，就是人類心靈激發肉體作各種動作的結果。我們的工作被我們的心靈所啟發。我們身體的發展則受我們心靈的指導和幫助。

總而言之，人類的表現中充滿了心靈的效用。但是，過度強調心靈的份量，卻不是我們所願。若要克服困難，身體的適應是絕對必需的。

由此可見，心靈參與控制環境的工作，以使肉體受到保護、免於虛弱以及認出環境之優劣等等能力，

也都有助於這個目標的實現。

創造幻想和識別幻想，是預見未來的方法。不僅如此，它們還能激起許多感覺，使身體隨之行動。個人的感情具有他賦予生活的意義、以及他訂人生目標並爲之奮鬥的記號。情感控制肉體的程度雖然相當大，可是它們卻不受制於肉體，主要是按他的目標和生活的方式而定的。

＊情感與生活方式──憤怒、焦慮、悲哀、性愛

顯而易見，支配個人的不單單是生活方式而已。如果沒有其他力量，他的態度並不足以造成病症。態度必須被情感加強後，才能引起行爲。

個體心理學概念中的觀點，就是阿德勒觀察到，情感絕對不會和生活方式相互對立，目標一旦訂下，情感就會爲了要獲得它而適應自身。在個體心理學中，我們先假定生理過程的存在，但我們更感興趣的，卻是心理的目標。我們並不十分關心焦慮對交感神經或副交感神經的影響，要研究的是焦慮的目的和結果。

按照這種研究方向，焦慮不能解釋爲性的壓抑所引起，也不能被認爲是出生時難產所留下的結果。這種解釋都太離譜了。我們知道，習慣有母親的陪伴、

幫助和保護的孩子，很可能發現：焦慮——不管其來源爲何——是控制他母親的有效武器。經驗會告訴他，憤怒是控制一個人或一種情境的工具之一。

在每個人身上，我們都可以看到，感情是按照個人獲得其目標所必要的方向和程度而成長發展的。他的焦慮或勇氣、愉快或悲哀，都必須和生活方式協同一致，它們適當的強度和表現，都能恰巧合乎心理學家的期望。

用悲哀來實現其優越感目標的人，並不會因爲目標的實現而感到快活或滿足。他只有在不幸的時候才會快樂。

只要稍加注意，我們還可發現，情感可以隨需要而呼之即來、揮之即去。一個對群眾有恐懼感的人，當他留在家裡，或指使另一個人時，他的焦慮感就會消失。所有精神病患者，都會避開生活中不能使他們感到優越的部分。

情緒的格調，也像生活方式一樣的固定。比如說，儒夫永遠是儒夫。雖然他在和柔弱的人相處時，可能顯得傲慢自大，在別人的保護下時，會表現得勇猛萬分。他可能在大門上加三個鎖，用防盜器和警犬保護自己，卻堅稱自己勇敢異常。沒有人能證實他的焦慮，但他性格中的儒弱部分，卻在他不厭其煩的保護自己中表露無遺。

性和愛情的領域，也能提供類似的證據——當一個人想接近他的性目標時，屬於性的感情必然會出現。為了要集中心意，他必須放下有競爭性的工作和不相干的興趣，這樣，才能引起適當的感情和功能。缺少這些感情和功能——如陽萎、早洩、性欲倒錯和性冷感——都是拒絕放棄不適當的工作和興趣所造成的。

不正確的優越感目標和錯誤的生活的方式，都是導致這種異常的因素。在這類病例中，我們常發現病患會只期望別人體貼他，自己卻不體貼別人；缺乏社會興趣；在需要勇敢進取的活動中失敗等傾向。

＊一個有罪惡感的男子

阿德勒的一個病人，在家中排行第二的男子，因為無法擺脫罪惡感而感到痛苦萬分。

他的父親和哥哥都非常重視誠實。他七歲時，哥哥曾經替他做過一次作業，但是他告訴老師，作業是自己做的。之後，他就壓抑罪惡感達三年之久。

最後，他跑去找他的老師，供認了他的謊言，但老師只是一笑置之而已。

接著，他又哭著去見父親，認第二次錯。父親深以他的可愛與誠實為榮，不但安慰他還誇獎他。但儘管父親原諒了他，他仍然非常沮喪。

他以這樣瑣碎的小事，如此強烈的責備自己，是為了要證明他的誠實和嚴肅。他家中高尚的道德風氣，使他在誠實方面，有超越別人的行動。在學校功課和社交魅力方面，他自覺不如他哥哥，因此，便想要用他自己的方式來獲得優越感。

在以後的生活中，他更因其他各種自責而感到痛苦。

他犯了手淫，而且在功課中也沒有完全戒掉欺騙行為，當面臨考試時，他的罪惡感是逐漸增加的。

由於他過分敏感的良心，他的負擔遠較他哥哥為重，因此，當他想和哥哥並駕齊驅而又無法做到時，便以他高尚的良心做為優越的出口。

離開大學後，他計劃要找份技術性的工作，但是他強迫性的罪惡感卻變得尖刻異常，迫使他整天都要祈求上帝原諒，結果根本沒時間工作。

後來，他的情況轉壞，被送進精神病收容所。過了一段時間以後，他的病況大有起色，又離開了收容所。但在離開之前，院方要他答應萬一舊病復發，必須再回來入院。

之後，他就改行攻讀藝術史。在一次考試將到的一個星期日，他跑到教堂去，五體投地拜倒在眾人面前，大聲哭喊道：「我是人類中最大的罪人！」就這樣，再次成功的引起別人注意他高尚的良心。

在收容所又度過一段時間後，他回到家。一天，他竟赤裸裸的走進飯廳吃飯！他是個身體健美的人，這一點，他是可以和他哥哥或其他男人一較高低的。他的罪惡感使他顯得比其他人更誠實，而他也朝這個方向掙扎著要獲得優越感。但是，他卻走上了旁門左道。

他對考試和工作的逃避，是為他的懦弱和無所適從貼上標籤。各種症狀都是有意的避開使他有挫折感的活動。

顯然，他在教堂中的跪拜認罪和裸體走入飯廳，同樣都是爭取優越感的拙劣方法。他生活的風格，要求他做出這些行為，和引發這些行為的感情是相呼應的。

＊克服生理缺陷

前面說過，在生命最初的四、五年之間，個人正在忙著築起他心靈的整體性。他在他的肉體和心靈間建立起關係，並將它們修正，以配合他對優越感的追求。

到第五年結束，他的人格已經成形。他賦予生活的意義、追求的目標、趨近目標的方式、情緒傾向等等，也都已經定型。

以後，人格當然可能改變，但在改變之前，必須

先從兒童期定型時所犯的錯誤中解脫出來。正如以前所有的表現，都和舊有的解釋互相配合一樣，現在，新的表現也會和他新的解釋配合無間。

個人是用感官來接觸環境，並從其中獲得印象的。因此，我們可以從訓練自己身體的方式看出，他準備從環境中獲得哪一種印象，和怎樣運用他的經驗。

如果我們注意他觀察和聆聽的方式，以及能吸引他的東西，我們就會有充分的了解。這就是舉止之所以重要的原因。它們能顯示出身體器官所受過的訓練，和他如何運用它們以選擇他要接受的印象。行為舉止是永遠受制於意義的。

現在，我們可以在心理學定義上，再添加一點東西。心理學研究的是，個人對他身體印象的態度。我們還可以開始討論，人類心靈之間的巨大差異是如何造成的。

不能配合環境，也無法滿足環境要求的肉體，通常都會被心靈當做是一種負擔。因此，身體器官有缺陷的兒童，在心靈的發展上，比其他人承受了更多的阻礙，他們的心靈也較難影響或命令他們的肉體趨向優越的地位。他們需要用更多的心力，並且必須比別人集中心意，才能獲得相同的目標。

所以，心靈會變得負擔過重，也會變得以自我為

中心。如果兒童老是受到器官缺陷和行動困難的困擾，他們就沒有餘力留心外界。他難有對他人發生興趣的閒情逸致，結果社會感和合作力的發展便較他人為差。

器官的缺陷造成了許多阻礙，但是這些阻礙卻不是無法擺脫的命運。如果心靈主動的運用其能力設法克服困難，則很可能就和常人一樣容易成功。

事實上，儘管遭受到許多困擾，器官有缺陷的兒童，經常比身體正常的人有更大的成就。身體阻礙是一種使人向前邁進的刺激。例如，視力不良的兒童，可能因為缺陷而有異常的壓力，他要花費較多的精神，才能看清東西。他對視覺的感覺，必須給予更多的注意力，也必須更努力的區分色彩和形狀，結果，他對視覺的世界，就比一般兒童以更多的體驗。

* 補償缺憾之道

由此可見，只要心靈找出了克服困難的正確方法，已缺陷的器官就能成為重大利益的來源。

在畫家和詩人之中，有許多人都曾遭受視力缺陷之苦。然而這些缺陷被訓練有素的心靈駕馭之後，他們比正常人更能運用眼睛來達到多種目的。在天生慣用左手、卻未被當作是左撇子看待的兒童之中，也很容易看到同樣種類的補償。

在家庭中，或在學校生活開始之際，他們會被訓練運用他們不靈巧的右手。他們雖然不擅用右手書寫、繪畫或做手工藝，但是，如果心靈被妥善運用以克服這種困難，不靈巧的右手必定會發展出高度的技巧。

在許多例子中，慣用左手的兒童，書法都寫得比其他人漂亮。需找出正確的技術後，再加上興趣、訓練和練習，就能夠將劣勢轉變成優勢。

只有決心要對團體有所貢獻、興趣又非只在自己的兒童，才能成功學會補償缺憾之道。只想逃避困難的兒童，必將繼續落在他人之後。

只有在面前有一個奮鬥的目標，而實現這個目標又比面前的障礙更為重要的時候，他們才會奮勇前進。這是他們的興趣和注意力指向何處的問題。如果要努力爭取某種身外之物，他們自然會訓練自己，使自己具有獲得的能力。

困難只是通向成功之路必須克服的關卡。反過來說，如果只擔心自己不如別人，除此之外別無目標，那麼就不會真正有所進步。

笨拙的右手是無法憑空幻想它變靈巧的。只有在練習出實際的成就之後，才會變得靈巧；而達到這種成就的誘因，必須要比長期存在的笨拙所造成的氣餒，具有更強大的吸引力。

如果一個孩子想要集中全力，來克服他的困難。那麼他必須要有一個使他要全力以赴的目標，這個目標是以他對現實的興趣、對別人的興趣，以及對合作的興趣爲基礎的。

* 夜尿症的功用

阿德勒對患有腎道缺陷家族的研究，可以作爲遺傳性缺陷被轉變運用的好例子。這種家庭中的孩子經常患有夜尿症。器官的缺陷是眞實的，它可以從腎臟、膀胱或脊椎分裂（spina bifida）的存在看出。而腰椎附近皮膚上的青痕或胎記，也能使人看出這一部位可能有此類缺陷。

但是，器官的缺陷並不足以造成夜尿症，孩子是以自己的方式在利用夜尿症。例如有些孩子在晚上會尿床，可是在白天卻不會弄髒自己。

有時，當環境或父母的態度改變時，這種習慣也會突然消失。如果兒童不再利用器官上的缺陷，作爲實現某一目地的手段，那麼除了心智低能的兒童之外，夜尿症都是可以克服的。

但是，患有夜尿症的兒童所受到的待遇，大都不會給他克服夜尿症的動力。經驗豐富的母親能給他正確的訓練，但如果母親經驗不足，這種不必要的毛病卻會持續下去。

在患有腎臟病或膀胱疾病的家庭中，和排尿有關的事情，大都會被過分強調。因此，母親可能會盡各種方法，想消除他的夜尿症。但若孩子注意到這一點是多麼受人重視，他反而會再堅持下去。這提供他一個非常好的機會，來表明他對這種教育的反對。

　　如果孩子想反抗父母給他的待遇，他必然會找出他自己的方法，來攻擊父母最大的弱點。

　　德國有一位著名的社會學家發現：在罪犯中，有相當驚人的比例，是出自壓抑犯罪的家庭，如法官、警察、獄吏等的家庭。教師的子女有時常常特別頑劣難化。

　　在阿德勒的經驗中，也常發現如此。他還發現，在醫生子女的精神病患數目，和教師子女中不良少年的數目，都相當驚人。

　　夜尿症也是一個很好的例子，說明我們怎樣利用夢，以引起適當的情緒來配合我們想做的行為。尿床的孩子常常夢見他已經起床到了廁所，用這種方法原諒自己後，便理所當然的尿在床上。

　　夜尿症所要達成的目地，通常是吸引別人的注意，要別人在晚上也像白天一樣的注意他。有時，這種習慣也是一種故意的表示，是反抗他人的方法之一。

　　不管從哪一個角度，我們都可以看出夜尿症實在

是一種創造性的表現，這些孩子不以嘴而以他們的膀胱說話。器官的缺陷，給了他一種表明自己態度的方法。用這種方式表現自己的孩子，都處於一種緊張狀態之下。通常，他們大多是屬於被寵慣後、又喪失唯我獨尊地位的一群。

也許由於另一個孩子的出生，他們難以再得到母親的全部關懷。此時，夜尿症就代表了一種想向母親更緊密接近的動作，雖然這是種令人不快的方法，卻有效的表達：「我還沒長得像你想像的那麼大，我還要被照顧呢！」

在不同環境下，或在不同的器官缺陷下，他們也許會利用聲音來建立和別人聯繫。在這種情況下，他們一到晚上就會哭鬧不安。有些孩子還會夢遊、做惡夢、跌下床或口渴吵著要喝水。但這些表現的心理背景都是類似的，病症的選擇，部分決定於身體的狀況，部分則視環境的態度而定。

*心靈塑造肉體

以上的這些例子，都清楚顯示出心靈對肉體的影響。事實上，心靈不僅能影響某種特殊病症的選擇，還能支配整個身體的結構。

對這個假設，阿德勒還沒有直接的證明，而且找出建立證明的方法也相當困難。但是，證據看來卻似

乎相當明顯。如果一個孩子膽小，他的膽小就會表現在整個發展過程中。他不關心體格上的成就，甚至不敢想像自己可能達到這種成就。結果，他就不會用有效的方法來鍛練肌肉，而且也拒絕接受使肌肉發達的所有外來刺激。當其他對鍛練自己有興趣的孩子，在體格健美方面遙遙領先時，他卻由於興趣缺乏而遠遠落於人後。

從這些討論，可說身體的整個形狀和發展不僅受心靈的影響，而且還可以反映出心靈的錯誤和缺憾。我們經常可以觀察到有許多肉體的表現，只是心靈無法找出補償其困難的正確方法所造成的結果而已。

例如，我們已經確認，在生命開始的最初四五年之間，內分泌腺本身也會受到心靈的影響。有缺陷的腺體，對行為並不會有強迫性的影響，反之，整個外在環境、兒童想接受印象的方向和心靈，在他感興趣情境中的創造性活動等，卻能不斷的影響腺體。

另外一個證據，可能較容易被了解並接受，因為我們對它較為熟悉，而且它引起的是身體短暫的表現，不是長久的存在。每一種情緒都會以某種程度表現在身體上，每個人也都會將他的情緒，表現在某種形式中：或是姿勢或態度，或是臉部的表情，或是腿或膝蓋的顫抖。

當他臉色變紅或轉白時，血液循環必然已經受到

影響。在憤怒、焦急或憂愁的狀態之下，肉體都會說話，使用著它自己的語言。

當一個人處於恐懼的情境中時，他可能全身發抖，另一個人可能毛髮豎立，第三個人可能心跳加快，還有些人會直冒冷汗、呼吸困難、聲音變啞，全身搖動而畏縮不前。有時，身體的健康狀態也會受到影響，例如喪失胃口或引起嘔吐。對某些人而言，這種情緒主要會干擾到膀胱的功能，對另一些人則是性器官。

有些兒童在接受考試時，會覺得性器官受到刺激。罪犯在犯了罪以後，經常會跑到妓院，或去找他們的女友，也是眾所周知的事。

在科學的領域中，我們看到許多心理學家宣稱，性和焦慮有密不可分的關聯。而另外的心理學家卻主張，它們一點關係都沒有。他們的觀點是依他們個人的經驗而定的，對某些人而言，它們之間有關聯，對其他人則否。

這幾種不同的反應，是屬於不同類形的個人，這些反應多多少少是由遺傳而來的，而這些種類的身體表現，也經常能給我們許多暗示，讓我們看出其家族的弱點和特質；因為同一家族的其他分子，也可能作出類似的身體反應。

但是，觀察心靈如何利用情緒，來激起某種身體

狀態。情緒在身體上的表現告訴我們，心靈在一個有利或有害的情境之中，如何作出動作和反應。例如當脾氣發作時，個人希望儘快克服困難，而他能找到的最好方法，似乎就是攻擊、辱罵或詆譭另一個人。另一方面，憤怒也能影響身體器官，或給予額外壓力。有些人在生氣時，會發生胃部的毛病或臉孔漲得通紅。他們血液循環改變的程度，甚至會發生頭痛。在偏頭痛或習慣性頭痛的背後，我們經常會發現有異乎尋常的憤怒或羞辱。對某些人，憤怒還能造成三叉神經或癲癇性的痙攣。

＊情緒影響生理機能

心靈影響肉體的方法，尚未完全被探討清楚，所以也無法對它作出完全的描述。心情的緊張對自主神經系統和非自主神經系統二者都能發生影響。只要一緊張，自主神經系統一定會有所動作。

一個人或許拍桌子、咬嘴唇或撕紙頭，只要他緊張，必然會作出某種動作。咬鉛筆或抽菸也是能作爲其緊張程度的發洩。這些動作都告訴我們，他對自己所面臨的情境，已經覺得受不了了。他在陌生人之間變得面紅耳赤、手足無措、肌肉顫抖，也一樣是緊張的結果。緊張能經由自主神經而傳遍全身，因此，每種情緒發生時，整個身體都會處於緊張狀態之下。可是，這種緊張

的表現，並不是每一點都一樣的清楚，我們所討論的病症，只在於其結果能夠被原諒那一點。

如果更仔細觀察，就會發現：身體的每一部分，都包含在情緒的表現之中，而這些身體的表現，又都是心靈、肉體和活動的結果。我們必須審視心靈和肉體之間的相互活動，因為兩者都是整體的一部分。

我們可以從這些證據中得到一個結論，生活的風格和其對應的情緒傾向，會不停的對身體發展施以影響。

如果兒童很早就固定下他的生活風格，那麼便能預見他以後生活中的身體表現。

勇敢的人會把他態度的結果，表現在他的體格中。他的體格與眾不同；他的肌肉較為強壯，身體的姿勢也較為堅定。態度對身體的發展，可能有相當大的影響，而它也可能是肌肉較為健美的部分原因。勇者的臉部表情也和普通人不一樣，結果他整個外形都異於常人，甚至他骨骼的構造也會受到影響。

＊ 心靈改變智力

今天，我們很難否認——心靈也能影響大腦。

病理學的許多個案顯示：由於大腦右半球受損而喪失閱讀或書寫能力的人，能夠訓練大腦的其他部分，來恢復這些能力。

常有許多中風的患者，其大腦受損的部分，已經完全沒有復原的可能性，但大腦的其他部分卻能補償，並擔起整個器官的功能，而使大腦的官能再度恢復完全。

當我們想證實個體心理學所主張的教育應用的可能性時，這件事實是特別重要的。如果心靈能夠為大腦施以這樣的影響，如果大腦只不過是心靈的工具——雖然是最重要的工具，但仍然只是工具而已——那麼我們就能找出發展或增進這種工具的方法。生來大腦便不符合某種標準的人，無需在一生中都受其拘束，它可以找出使大腦更適合於生活的方法。

將目標固定於錯誤方向的心靈——沒有努力發展合作能力的人——對大腦的成長就無法施以有益的影響。因此，有許多缺乏合作能力的兒童，在以後的生活中，總顯得好像沒有發展出他們的智力及理解力。因為成人的舉止，能顯示出他最初四五年間所建立的生活風格對他的影響。而且我們也能清楚看出他的統覺表，和他賦予生活意義的結果。

所以，我們能夠發現他所承受到的合作障礙，並幫助他矯正其失敗。

*人格類型與身體結構

有許多學者曾指出，在心靈和肉體的表現之間，

有一種固定的關係存在。但是，卻似乎沒有哪一個人，曾經試圖找出這二者之間的確切關係。例如，可利胥莫（Kretschmer）曾告訴我們，如何看出某一種身體的結構，是和某一類型的心靈互相對應。這樣，就能把大部分的人類區分成許多類型。

比方說，圓臉、短鼻而有肥胖傾向，如凱撒大帝所說的，

「我願四周都圍繞著肥胖的人，有圓溜溜肩膀的，能通宵熟眠的人，」註②

可利胥莫認為這樣的體格和某些心理特徵有關，但他卻沒有說明其間為何會有關聯。根據經驗，具有這種體格的人，似乎都不會有器官上的缺陷。在體格上，他們覺得能和別人一較短長，對自己的強壯有充分的信心。

他們不緊張，如果要和別人競爭，也能夠全力以赴。但是，他們卻不覺得，有把別人當做敵人看待的必要，也不覺得需要把生活當做是充滿敵意的掙扎。心理學中有一派把他們稱為「外向型人」，但卻沒有說明為什麼如此稱呼他們。阿德勒認為他們是外向型人，則是因為他們不曾因其身體感到任何困擾。

可利胥莫區分出的另一個相反類型的，是神經質的人。他們有些很瘦小，通常則為高高瘦瘦，有高鼻子，蛋形臉。他相信這種保守善於自省，如果他們得

了心理疾病，患的大多是精神分裂症。他們是凱撒大帝所說的另一個類型：

「卡修士有枯瘦而飢餓的外形，他的計謀太多；這樣的人很危險。」註③

這種人很可能蒙受器官缺陷之苦，而變得比較自私、較悲觀、較內向。他們要求的幫助也許比別人多。當他們覺得，別人對他關心不夠時，會變得怨恨多疑。

不過可利胥莫也承認，我們能發現很多混合的類型，即使是肥胖型的人，也可能發展出屬於瘦長型者的心理特徵。我們不難了解，如果環境以另一種方式，加給他們許多負擔，他們也會變得膽小而沮喪。用有計劃的打擊，我們可能把任何一個小孩，造成舉止像神經質人。

如果一位心理學家有豐富的經驗，便能從個人的各部分表現中，看出他與人合作的程度。人們一直都不知不覺的在找尋這種暗號。合作的需要總是不斷壓迫著我們，我們也一直想要憑直覺找出許多暗示，來指導我們如何在混亂的生活中，更穩妥的決定自己的方向。

在每次歷史大變革之前，人類的心靈都已認識到變革的必要，而努力奮鬥著要想達成它。但是，這種奮鬥如果單靠本能來決定，就很容易犯錯誤。同樣的，人們總是不喜歡有非常引人注目特質的人，例如

身體畸型或駝背的人，人們對他們雖然還沒有十分了解，卻已經判斷他們不適於合作。

這是一種很大的錯誤，不過他們的判斷也可能是以經驗為基礎的。目前還沒發現有什麼方式，可以增加為這些特質所害之人的合作程度，他們的缺點因此被過分強調，他們也變成大眾迷信的犧牲品。

＊心靈的整體──生活風格

現在，讓我們做一總結。在生命最初的四五年間，兒童會統合他心靈奮鬥的方向，而在心靈和肉體之間，建立起最根本的關係。他會採用一種固定的生活風格，及對應的情緒和行為習慣。它的發展包括了或多或少、程度不同的合作。從合作的程度，我們能判斷並了解一個人。在所有的失敗者之間，最常見的共同點便是合作能力非常之低。

現在，我們可以給心理學一個更進一步的定義，它是對合作缺陷的了解。

由於心靈是一個整體，而同樣的生活風格又會貫穿其所有表現，因此，個人的情緒和思想，必定會和生活風格調合一致。如果我們看到某種情緒，很明顯的引起了困難，而且違反了個人的利益，只想改變這種情緒是完全沒有用的。它是個人生活風格的正當表現，只有改變其生活風格，才能將它斬草除根。

在這裡，個體心理學對教育和治療的未來，提供了一種特殊的指引。

我們絕不能只治療一種病症或一種單獨的表現；必須在整個生活的風格中，在心靈解釋其經驗的方式中，在它賦予生活的意義中，在它為回應由身體和環境接受到的印象而做的動作中，找出其錯誤所在。

這才是心理學真正該做的工作。至於用針刺小孩，看他啞得多嚴重，或搔他的癢，看他笑得多響亮，這些實在不宜稱為心理學。這種作法在現代心理學界中是非常普遍的，雖然也能告訴我們和個體心理有關的某些東西，不過這也只能提供證明固定而特殊的生活風格存在的證據而已。

生活風格是心理學最適當的主要題材和研究對象，在個體心理學中，我們考慮的是靈魂本身，是統合的心靈。我們研究的是個人賦予世界和自身的意義，努力的目標，以及對生活問題的處理方式。迄今為止，我們所擁有的、了解心理差異的最好方法，就是審視其合作能力的高低。

註①莎士比亞，《哈姆雷特》第二場，第四景。
註②莎士比亞，《凱撒大帝》第一場，第二景。
註③莎士比亞，《凱撒大帝》第一場，第二景。

第三章
超越自卑情結

每一個精神病患者都有自卑的情結。想要以自卑情結的有無，來將精神病患者分類，是絕對做不到的。我們只能從病患無法面對的生活，以及他活動的限制，來將病患分類。

＊如何識別「自卑情結」

個體心理學的重大發現之一——「自卑情結」——似乎已經馳名於世了。眾多學派的心理學家，都採用了這個名詞，並且按他們自己的方式付諸實用。但他們真的確實了解這個名詞的意義嗎？

告訴病人他正蒙受著自卑情結之害，是沒有什麼用的，這樣做只會加深他的自卑感，而不是讓他知道如何克服它。我們必須找出他在生活風格中表現的特殊氣質，必須在缺少勇氣之時鼓勵他。

每一個精神病患者都有自卑的情結。想要以自卑情結的有無，來將精神病患者分類，是絕對做不到的。我們只能從病患無法面對的生活，以及他活動的限制，來將病患分類。如果我們對他說：「你正遭受著自卑情結之害」，這樣根本無法幫助他增加勇氣。這就好比告訴一個患頭痛的人他有頭痛，這是沒有任何幫助的！

有許多精神病患者，都沒有覺得自卑的情況，有些甚至會說：「正好完全相反，我很清楚，我比我身邊的人都高出一籌！」所以，我們只需注意個人行為。在他的行為裡，我們可以看出他是用什麼方法，來保證他的重要性。

例如有一個傲慢自大的人，他的感覺可能是：「別人老是瞧不起我，我要表現一下，我是何等人

物！」

　　如果我們看到一個在說話時手勢很多的人，也能猜出他的感覺：「如果我不加以強調的話，我說話就顯得太沒有分量了！」

　　在舉止間處處故意要凌駕於他人之上的人，我們也會懷疑在他背後，是否有需要特殊努力才能抵消的自卑感。

　　這就像是自己個子太矮的人，總要踮起腳尖走路一樣。兩個小孩子在比身高的時候，我們常常可以看到這種行為。擔心自己個子矮的人，會挺直身子並緊張的保持這種姿勢，以使自己看來比實際上要高一點。如果我們直接問他：「你是否覺得自己太矮了？」通常他都不會承認。

　　有強烈自卑感的人，不一定是個柔順、安靜、拘束且與世無爭的人。自卑感表現的方式有千萬種，或許這裡能夠用三個孩子第一次到動物園的故事來說明。

　　當他們站在獅子籠前面的時候，一個孩子躲在母親背後，全身發抖地說：「我要回家。」第二個孩子站在原地，臉色蒼白顫抖著說：「我一點都不怕。」第三個孩子則目不轉睛地盯著獅子，並問他的母親：「我能不能向牠吐口水？」事實上，這三個孩子都感覺到自己所處的劣勢，但是每個人卻都按照他的生活

風格，用自己的方法表現出他的感覺。

＊ 自卑與自欺

每個人都有不同程度的自卑感，因為我們都希望改進自己所處的地位。如果一直保持著勇氣，就能以直接、實際而完美的方法改善環境，來使我們脫離這種感覺。

沒有人能長期地忍受自卑感，他一定會採取某種行動，來解除自己的緊張狀態。如果一個人已經氣餒了，不再認為腳踏實地的努力，能夠改善他的狀況，他仍然會努力設法擺脫自卑感，只是他所用的方法不能使他有所進步。

他的目標仍是「凌駕於困難之上」，可是他卻不再設法克服障礙，反而用一種優越感來麻木自己。同時，自卑感會愈積愈多，因為造成自卑感的情境仍然沒變，問題也依舊存在。他所採取的錯誤步驟，會逐漸將他導入自欺之中，他的各種問題，也會以日漸增大的壓力逼迫他。他不把自己鍛鍊得更強壯、更有適應力，反而使自己在自己的眼中顯得更強壯。他欺騙自己的努力，只能獲得部分的成功。如果他為這類盤旋不去的問題覺得應對無力，他可能會變成專制的暴君，以重新肯定自己的重要性。

他可能用這種方式來麻醉自己，但是真正的自卑

感仍然無法獲得解決，它們依然是舊有情境所引起的舊有自卑感，它們會變成精神生活中長久潛伏的暗流。在這種情況下，我們稱之為「自卑情結」。

現在，我們應該給「自卑情結」下一個定義——當一個人面對一個無法適當應付的問題，又表示他絕對無法解決這個問題時，出現的就是自卑情結。

由於這個定義，我們可以看出，憤怒和眼淚或道歉一樣，都可能是自卑情結的表現。由於自卑感總是造成緊張，爭取優越感的補償動作，必然會同時出現，但是其目的卻不在於解決問題。

這種爭取優越感的動作，總是朝向生活中無用的一面，真正的問題卻被遮蓋起來，或棄而不談。他限制了自己的活動範圍，苦心孤詣地要避免失敗，而非追求成功。他在困難面前會表現出猶疑徬徨，甚至是退卻的舉動。

＊公共場所恐懼症和自殺心態

這種態度可以在公共場所恐懼症的個案中清楚地看出來。

這種病症表現出一種信念：「我不能走得太遠。我必須留在熟悉的環境裡。生活中充滿了危險，我要避免面對它們。」

當這種態度被堅決地執行時，他就會把自己關在

房間裡，或待在床上不肯下來。在面臨困難時，最徹底的退縮表現就是自殺。

這時，他在面臨所有的生活問題之時，都已經放棄尋求解決之道。他認爲他對改善自己的情境，已經完全無能爲力了。

當我們知道自殺是必定的一種責備或報復時，我們便能了解在自殺中所要爭取的優越感。在每個自殺案件中，我們總會發現──死者一定會把他的死亡責任歸之於某個人。彷彿死者在說：「我是全世界最溫柔、最仁慈的人，而你卻這麼殘忍地對待我！」

每一個精神病患者，多多少少都會限制住自己的活動範圍，和他整個情境的接觸。他想要和生活中必須面臨的現實問題保持距離，並將自己局限在他覺得能夠主宰的環境之中。用這種方式，他爲自己築起了一座小小的城堡，關上門窗並遠隔清風、陽光和新鮮空氣地度過一生。至於他是以怒吼或是以低聲下氣來統治他的領域，則視他的經驗而定──他會在試過的各種方法裡，選出最好而且能夠最有效實現目標的一種。

有時候，他如果對某一種方法覺得不滿意，也會改另一種。然而，不管他用的是什麼方法，目標卻是一樣的──只獲取優越感，而不努力改進其情境。

＊眼淚和抱怨──水性的力量

發現眼淚是駕馭別人最佳武器的孩子，會變成愛哭的娃娃，而愛哭的娃娃又很容易變成患有憂鬱症的成人。

眼淚和抱怨──這些方法，阿德勒稱之爲「水性的力量」（water power）──是破壞合作並將他人貶爲奴僕的有效武器。

這種人和過度害羞、忸怩作態及有罪惡感的人一樣，我們可以在他的舉止間看出自卑情結，他們已經默認了自己的軟弱，和照顧自己的無能。他們隱藏起來不爲人知的，則是超越一切、好高騖遠的目標，和不惜任何代價以凌價別人的決心。

反之，一個喜好誇口的孩子，在初見之下，就會表現出他的優越情結，可是如果我們只觀察他的行爲，那麼我們很快便能發現，他所不承認的自卑情結。所謂的戀母情結（Oedipus complex），其實只是精神病患者「小小城堡」一個特殊例子而已。

一個人如果不能在外界，隨心所欲的應付他的愛情問題，他便無法成功的解決這個問題。如果他把他的活動範圍，限制在家庭圈子中，那麼他的性慾問題，也必須在這範圍內設法解決，這是不足爲奇的事。

由於他的不安全感，他從未把興趣擴展到最熟悉

的少數幾個人之外。他怕跟別人相處時，就不能再按照他習慣的方式來控制局勢。

戀母情結的犧牲品，多半是被母親寵壞的孩子，他們所受的教育使他們相信，願望是天生就被實現的權利；而他們也從不知道，能憑自己的努力，在家庭的範圍之外，贏取溫暖和愛情。

在成年人的生活裡，他仍然牽繫在母親的圍裙帶上。他們在愛情中尋找的，不是平等的伴侶，而是僕人；而最能使他們安心依賴的僕人，則是他們的母親。在任何孩子身上都可能有戀母情結。只要讓他的母親寵慣他、不准他把興趣擴展到別人身上，並要他的父親對他漠不關心。

＊自卑對自我的限制

各種精神病症，都能表現出行為受限的現象。在口吃者的狀況中，我們便能看到他猶疑的態度。殘餘的社會感，迫使他和同伴發生交往，但是他對自己的鄙視，和對這種嘗試的害怕，卻與他的社會感相衝突，結果在言詞中便顯得猶豫不決。

在學校中總是居人後的兒童，在三十多歲時依然無業，或遲遲不結婚的男女，反覆作出相同行為的強迫性精神病患者、對工作十分厭煩的失眠症患者——這些人都有自卑情結，使他們在解決生活問題時無法

獲得進展。

　　手淫、早洩、陽萎和性慾倒錯，都是在接近異性時，由於害怕自己行為不當，而造成的猶豫不決的生活風格的表現。

　　如果問他們，「為什麼這麼害怕行為不當呢？」我們就能夠了解，因為這些人把他們的成功目標訂得太高了！

＊自卑是文化的基礎

　　自卑感並不是變態，它們是人類之所以進步的原因。

　　科學的興起，就是因為人類感到自己的無知，和對預測未來的需要——自卑是人類在改進生活環境、在對宇宙作更進一步的探索，在試圖更妥善的控制自然時，努力奮鬥的成果。

　　阿德勒認為，人類的全部文化都是以自卑感為基礎的。

　　如果我們想像一位外太空的觀光客，來訪問我們的星球，他必定會有如下的觀感：「這些人類呀，看他們的各種社會和機構，對求取安全所做的各種努力，他們用屋頂以防雨，穿衣服以保暖，修築道路以使交通便利——很明顯的，他們都覺得自己是地球上所有居民中最弱小的一群！」

在某些方面，人類確實是所有動物中最弱小的。獅子和猩猩比我們強壯，有許多種動物也更能單獨地應付生活中的困難。雖然有些動物也會用團結來彌補他們的軟弱，成群結隊地群居生活，但人類卻比我們在世界上所能發現的任何其他種動物，需要更多及更深刻的合作。

人類的嬰孩是非常脆弱的，需要許多年的照顧和保護。由於每一個人都曾是嬰兒，缺少了合作，便只有聽憑環境宰割。

所以，我們不難了解，如果一個兒童沒有學會合作之道，他必然會走向悲觀之途，並發展出牢固的自卑情結。我們也能了解，即使是對最懂得合作的個人，生活也會不斷向他提出待解決的問題。沒有哪一個人會發現自己所處的地位，已經接近能夠完全控制環境的最終目標。

生命太短，我們的軀體也太軟弱，可是生活中的三個問題，卻不斷地要求更完美的答案。我們不停地提出答案，然而，卻不會滿足於自己的成就而止步不前。無論如何，奮鬥總是要繼續下去的，但是只有懂得合作的人，才會作出充滿希望及貢獻更多的奮鬥，才能真正改善我們的共同處境。

我們永遠無法達到生命的最高目標，這是毫無疑問的。如果人類整體已經達到了一種、完全沒有任何

困難的境界，我們可以想像，在這種環境中的生活，一定是非常沉悶的。每件事都能夠被預料，都能夠預先被計算出來。明天不會帶來意料之外的機會，對未來，我們也沒有什麼可以期望。

生活中的樂趣，主要是由缺乏肯定性而來的。如果我們對所有的事都能肯定，那麼討論和發現就不復存在，科學也已經走到盡頭。環繞著我們的宇宙，是只值得述說一次的故事，爲了滿足我們想像的目標，而讓我們十分愉快的藝術和宗教，也不再有任何的意義。

幸好，生活並不是這麼容易就耗盡的。人類的奮鬥一直持續未斷，我們也能夠不停的發現新問題，並製造出合作和奉獻的新機會。

精神病患者在開始奮鬥時，就已經受到阻礙，他對問題的解決方式，始終停留在很低的水準，他的困難則相對增大。

正常的人對自己的問題，會懷有逐漸改進的解決之道，他能接受新問題，也能提出新答案。因此，他有對別人貢獻的能力。他不甘落於人後而增加同伴的負擔，也不需要、不要求特別的照顧。他能夠按照社會感、獨立而勇敢的解決問題。

人人都有的優越感目標，是屬於個人獨有的。它取決於他賦予生活的意義，這種意義不單只是口頭說

說而已。這建立在他的生活風格之中，並像他自己獨創的奇異曲調一樣滿布其間。但是，在他的生活風格裡，他並沒有把目標表現得簡潔清楚，由於他表現的方式非常含糊，所以我們也只能憑他的舉止動作來猜測。

＊了解個人的生活風格

　　了解一種生活風格，就像了解一首詩一樣。詩雖然是由字組成的，但是它的意義卻遠較它所用的字為多。我們必須在詩的字裡行間，推敲它大部分的意義。個人的生活風格，也是一種最豐富和最複雜的作品，因此心理學家必須學習，如何在其表現中推敲，換句話說，他必須學會欣賞生活意義的藝術。

　　除此之外，別無他法。生活的意義是在生命之初的四五年間，經由在黑暗中摸索，只憑感覺補捉到一點暗示，做出自己的解釋。

　　優越感的目標，也同樣是在摸索和揣測中形成的。它是生活的奮鬥，是動態的趨向，而不是繪於航海圖上的一個靜止點。沒有哪一個人能夠清楚完整的描述出他的優越感目標，他也許知道他的職業目標，但這只不過是努力追求的一小部分而已。即使目標被具體化，抵達目標的途徑也有千萬種。

　　例如，有一個人立志要做醫生，然而，他不僅希

望成爲科學或病理學的專家，還要在他的活動中，表現他對自己和對別人的特殊程度的興趣。

我們能夠看到，他訓練自己去幫助他的同類到何種程度，以及他限制他的幫助到何種程度。他把他的這種目標，作爲補償他自卑感的方法，而我們也能夠從他在職業中，或在其他處的表現，猜測出他所想補償的自卑感。

例如我們經常發現，醫生大多在兒童時期便認識了死亡的眞面目，而死亡又給予他們最深刻的不安印象。也許是兄弟或父母去世。他們以後學習的發展方向，便在於爲別人找出更安全、夠能抵抗死亡的方法。

另一個人也許立志要做教師，我們也很清楚，教師之間的差異是非常大的。如果一位教師的社會地位很低，當教師的目的，可能就是想統治較低下的人，他可能只有和弱小或缺乏經驗的人相處時，才會覺得安全。有高度社會地位感的教師，則會以平等心態對待他的學生，他是眞正想對人類的福利有一番貢獻。

因此，對每一個人，我們都必須看他表面下的東西。一個人可能改變使目標具體化的方法，正如他可能改變具體目標的表現之一 —— 他的職業一樣。所以，我們必須找出其潛在的一致性，其人格的整體。

這個整體無論是用什麼方式表現，總是固定不變

的。假設我們拿一個不規則三角形，按不同方向來安放它，那麼每個方向都會給予我們不同三角形的印象。但是，如果我們再努力觀察，我們會發現這個三角形始終是一樣的。個人的整體目標也是如此，它的內涵不會在一種表現中表露無遺，但是我們都能從各種表現中，認出它的廬山眞面目。

我們絕不可能對一個人說：「如果你這樣做，你對優越感的追求便會滿足了。」

優越感追求是極具彈性的。一個健康正常的人，當他努力受到阻撓時，他能夠另外找尋新的出路。只有精神病患者才會認爲，他的目標只能有一種表現：「我必須如此，否則我就無路可走了。」

＊狂妄的優越感

阿德勒不打算輕率的刻劃任何對優越感的特殊追求，但是他在所有的目標中，卻發現了一種共同因素——想要成爲「神」。有時，我們會看到小孩子，毫無顧忌地按照這種方式表現自己，他們會說：「我希望變成上帝。」許多哲學家也有樣的理想，有些教育家也希望把孩子教育得如神一般。在古代宗教訓練中，我們也可以看到同樣的目標：教徒必須把自己修練得近乎神聖。

如神如聖的理想，曾以較溫和的方式，表現

在尼采（Nietzsche）的「超人」理論（Superman Theory）之中。據說尼采發瘋之後，在寫給施存堡（Strindberg）的一封信中，曾經署名為「被釘於十字架上的人」（the Crucified）。

發狂的人經常不加掩飾地，表現出他們的優越感目標，他們會說：「我是拿破崙」，或是「我是世界之王」。他們希望能成為整個世界注意的中心，四面八方景仰膜拜的對象，掌握有超自然力量的主宰，能夠預言未來，或能聆聽世界所有的對話。

變成神聖的目標，也許會以較合乎理性的方式，表現在期望擁有宇宙間所有智慧的欲望中，或表現在使其生命不朽的希望裡。

無論我們希望的是保存世俗的生命，是經過許多次輪迴再生，或是預見我們能夠在另一個世界永生不朽，這些想法都是以成為神聖的欲望為基礎的。

在宗教的信念裡，只有「神」才是不朽的東西，才能經歷世世代代而永生。阿德勒並不打算討論這些觀念的是或非，它們只是對生活的解釋，它們只是「意義」。而我們本身也以不同的程度，採用了這種意義——成為「神」，或成為「聖」。即使是無神論者，也希望能征服「神」，能比「神」更高一籌。我們不難看出，這是一種特別強烈的優越感目標。

＊改變生活目標

優越感的目標一旦被具體化以後，就會落實在個人的生活風格當中，沒有錯誤。個人的習慣和病症，對達到其目標而言，都是完全正確的，它們都無可非議。每一個問題兒童，每一個精神病患者，每一個酗酒者、罪犯或性變態者，都採取行動，以達到他們認為是優越的地位。他們不可能抨擊自己的病症，他們既有這樣的目標，就合該有這樣的病症。

在學校裡有個男孩子，他是班上最懶惰的學生，有一次，老師問他：「你的功課為什麼老是這樣糟？」他回答道：「如果我是班上最懶的學生，你就會一直關心我。你從不會注意好學生的，他們在班上又不搗亂，功課又做得好，你怎麼會注意他們呢？」

只要他的目標在於引起注意和使老師煩心，他便不會改變作風。要他改懶為勤，也是沒有用的，他若要達到目的，就必須如此做。對於他的目標而言，他這樣做是完全正確的，如果他改變自己的行為，他才是個笨蛋。

另外有個在家裡很聽話，可是卻顯得相當愚蠢的男孩子，他在學校中總是落於人後，顯得平庸無奇。他有一個大他兩歲的哥哥，生活風格和他完全不同。他哥哥又聰明又活躍，可是生來魯莽成性，不斷惹出麻煩。

有一天，有人聽到這個男孩對他哥哥說道：「我寧可笨一點，也不願意像你那麼粗魯！」

如果他的目標是在避免麻煩，那麼他的愚蠢實在是明智之舉。由於他的愚蠢，別人對他的要求會比較少，要是犯了過錯，也不會因此受到責備，從他的目標看來，他不是愚蠢，而是裝傻。

* 精神病——對付現實的工具

直到現在，一般的治療都是針對病症而進行的。不管是在醫藥上或是在教育上，個體心理學都是完全反對這種態度的。

當一個孩子的數學不如別人，或學校作業總是做不好時，如果我們只想要在這些特殊表現上改進他，那是完全沒有作用的。也許是他想要使老師困擾，甚至是使自己被開除以逃避上學。如果我們單單在這一點上糾正他，他會另找新辦法來達到目標。這和成人的精神病是恰恰相同的。

例如，有個人患有偏頭痛（migraine）的病。這種頭痛非常有用，當他需要時，它便會適逢其時地發作。由於頭痛，他可以免於解決社交問題，每當他必須會見陌生人或做出新決定時，頭痛就會發作。同時，頭痛還能幫助他對他的部屬或妻子濫發脾氣。

我們怎麼能夠期望他，會放棄這麼有效的工具

呢？從他現在的觀點來看，他給予自己的痛苦，只不過是一種機智的發明，它能帶來各種他所想要的好處。

無疑地，我們可以用能夠使他震驚的解釋，來「嚇走」他的頭痛，正如用電擊或假裝的手術，偶爾也能夠「嚇走」戰場精神病的病症一樣。也許醫藥治療能使他獲得解脫，並使他不再延用他所選擇的特殊病症。

但是，只要他的目標保持不變，即使是放棄了一種病症，他也會再選用另一種，「治好」了他的頭痛，他會再患上失眠症或其他新病症。只要他的目標不變，他就必須繼續找出新的毛病。

有一種精神病患者，能夠以驚人的速度甩掉他的病症，並毫不遲疑地再選用新的一種。他們變成了病的收藏家，不斷地擴展他們的收藏目錄。閱讀心理治療書籍，只是向他們提供許多他們還沒機會一試的精神病困擾而已。因此，我們必須探求的是他們選用某病症的目的，和這種目的與一般優越感目標之間的關係。

如果一位病患將一座梯子搬入教室，爬上它並坐在黑板頂端。看到他這樣做的每個人都會想：「這位先生發瘋了。」他們不知道梯子有什麼作用，那人為什麼要爬上它，或他會什麼要坐在那麼不雅觀的位置

上。

　但是，如果他們知道：「他想要坐在黑板頂端，是因爲除非他的身體的位置高過其他人，他會感到自卑。他只有在能夠俯視他的學生時，才感到安全。」他們便不會以爲那人是瘋得那麼厲害了。

　這是一種非常明智的、來實現具體目標的方法。梯子看起來是一種很合理的工具，爬梯子的動作也是按計劃而進行的。

　瘋狂的所在只有一點，那就是對優越地位的解釋。如果有人說服他，讓他相信這具體目標實在選得太糟，他才會改變他的行爲。

　但是，如果他的目標保留不變，而梯子又被拿走了，那他可能會用椅子再接再厲好爬上去。如果椅子也被拿走，他會用跳起來或運用肌肉來攀爬。

　精神病患者都是如此，他們選用的方法都正確無誤、無可厚非。需要改進的是他們的具體目標。目標一改變，心靈的習慣和態度也隨之改變。他不必刻意保有舊有的習慣和態度，適合於他的新目標的態度，自然會取代它們的位置。

＊三十歲女子的焦慮

　以一位三十歲的女子爲例，她因爲受到焦慮的困擾而無法與人交友，特地向醫師求助。她在職業上總

是無法獲得進展，結果仍然要依賴家庭供給生活所需。偶爾她也會從事一些諸如打字員或秘書之類的工作，但是不知為何，她遇到的雇主總是想向她求愛，讓她煩惱而不得不離職。

但是，有一次她找到一個職位，這個老闆似乎對她毫無興趣，結果她覺得受到輕視，又憤而辭職了。

她已經接受心理治療達數年之久——大約是八年左右——但是治療卻一直未能使她更容易與人相處，或讓她找到夠賴以謀生的職業。

當阿德勒在治療她的時候，追蹤她的生活風格到童年時期的第一年。沒有學會如何了解兒童的人，是不可能了解成人的。她是家庭裡的小女兒，非常美麗而且令人難以置信的被寵愛。當時她的雙親的境況非常好，因此只要她說出她的希望，就一定能夠如願以償。當阿德勒聽到這裡，他讚嘆地說：「妳像公主一樣被服侍得無微不至呢！」

「是呀！」她回答道：「那時候每個人都稱我為公主呢！」

當阿德勒要她說出最早的回憶時，她說：「當我四歲時，有一次我走出屋子，看到很多孩子在玩遊戲。他們動不動就跳起來，大聲喊道：『巫婆來了！』我非常害怕，回家後，我問家裡的老奶奶，是否真的有巫婆存在。她說：『真的，有許多巫婆、小

偷和強盜，他們都會跟著妳到處跑。』」

從那以後，她就很怕一個人留在房子裡，並且把這種害怕表現在整個生活風格中。她總覺得自己一個人的力量不足以離開家，家裡的人必須支持她，並在各方面照顧她。

她的另一個早期回憶是：「我有一個男鋼琴教師。有一天，他想要吻我，我鋼琴也不彈了，馬上跑去告訴我的母親。以後，我再也不想彈鋼琴了。」

在這裡，我們看到她已經學會要和男人保持距離，而她在性方面的發展，也都遵循著避免發生愛情糾葛的目的而進行。

她認為戀愛是一種軟弱的象徵。在這裡，我們必須提到，有許多人在捲入愛的漩渦時，都覺得自己很軟弱。在某些方面看來，他們是沒錯的。

當我們戀愛時，我們必須變得溫柔，對另一個人的興趣也會帶來許多煩惱。只有優越感目標為「我絕不能軟弱，我絕不能讓大家知道我的底細」的人，才會躲開愛情的互相依賴關係。

這種人總是要遠離愛情，並且也無法接受愛情。你常常能注意到，當他們覺得陷入愛情的危險時，他們便會把這種情況解決。他們會譏笑、嘲諷並揶揄那些可能使他們陷入危險的人。用這種方式，便避開了軟弱的感覺。

這個女子在考慮到愛情和婚姻時，也會感到軟弱。結果在她的任何工作場合，如果有男人向她求愛，她便會感到驚慌失措，除了逃避以外，再也無計可施。在她還沒學會如何對付這些問題時，父母便相繼去世，她的王朝也垮了。

　　她打算找些親戚來照顧她，但事情並不如意。過不了多久，親戚就對她非常厭煩，再也不給予她所需要的關懷。她很生氣的責備他們，並且告訴他們：「讓我一個人孤零零的生活，是件多麼危險的事。」她才勉強免除掉孤苦伶仃的悲劇。

　　如果她的家族完全不再為她擔心，她一定會發瘋。達到她優越感目標的唯一方法，就是強迫家族幫助她，讓她免於應付所有的生活問題。

　　在她的心靈中，存有這種幻想，「我不屬於這個星球，我屬於另一個星球。在那裡我是公主。這個可憐的地球不了解，也不知道我的重要性。」

　　再往前進一步的話，她就要發瘋了，可是由於她自己還有點機智，親戚朋友也還願意照顧她，所以她還沒有踏上這最後一步。

＊兩名失足少女──從自卑到自虐

　　另外還有一個例子，可以清楚地看出自卑情結和優越情結。

有一個十六歲的女孩子，被送到阿德勒那兒，她從七歲起就開始偷竊，十二歲起便和男孩子在外面過夜。當她兩歲時，她的雙親經過長期激烈的爭吵後，終於離婚了。她被母親帶到祖母家裡撫養，她的祖母對她非常寵愛。她出生時，父母間的爭執正達到最高潮，因此母親對她的降臨並不表示歡迎。她從未喜歡過她的女兒，她們之間一直存在著一種緊張關係。

　　當這個女孩子來看阿德勒時，他用友善的態度跟她談話。她說：「其實我不喜歡拿人家的東西，也不喜歡跟男孩子到處遊蕩。我這樣做，只是要讓我媽媽知道，她管不了我！」

　　「妳這樣做，是爲了要報復嗎？」阿德勒問她。

　　「我想是的。」她答道。

　　她想要證明她比母親更強，但她之所以有這個目標，則是因爲她覺得自己比母親軟弱。她因感到母親不喜歡她，而受到自卑情結之苦。她認爲能夠肯定她優越地位的唯一辦法，就是到處惹事生非。兒童犯偷竊或其他不良行爲，經常都是出於報復之心。

　　一個十五歲的女孩子，失蹤了八天。當她被找到之後，被帶到少年法庭。她編了一個故事，說她被一個男人綁架，他把她捆起來之後，關在一個房間裡達八天之久。沒有人相信她的話，醫生也以親切的語調，要求她說出實情。她對醫生不相信她的話覺得非

常憤怒，打了他一個耳光。

當阿德勒看到她時，問她將來想做什麼事，他給她一種印象，讓她覺得他只是對她的命運有興趣，而且也能夠幫助她。

當阿德勒要求她說出做過的一個夢，她笑著說：「我在一家地下酒吧裡。當我出來的時候，我遇見了我的母親。不久，我父親也來了。我要求母親把我藏起來，免得讓他看到我。」

她很害怕她的父親，一直在反抗他。他經常懲罰她，因為害怕受罰，她只好被迫說謊。

當我們聽到撒謊案件時，我們必須看看當事人是否有嚴屬的父母。除非真相富有危險性，否則謊言便毫無意義。在另一方面，我們還能看出，這個女孩子能和她的母親合作。

後來，她告訴阿德勒，是有人把她引誘到地下酒吧，她在裡面過了八天。因為怕被父親知道，所以不敢說出實情；但是同時她又希望他能知道這段經過，以使他屈居於下風。她覺得一直被他壓制著，只有在傷害他時，才能嘗到征服者的滋味。

＊優越情結與合作精神

我們要怎樣才能幫助這些使用錯誤方法來追求優越感的人呢？

如果我們認識到，對優越感的追求是人類的通性，那麼這件事情便不困難。知道了這一點，我們便能設身處地、同情他們的掙扎。他們所犯的唯一錯誤是，他們的努力都指向了生活中毫無用處的一面。

在每件人類的創作之後，都隱藏著對優越感的追求，它是所有對我們文化貢獻的源泉。人類的整體活動，都沿著這條偉大的行動線 —— 由下到上，由負到正，由失敗到成功 —— 向前推進。但是，真正能夠應付並主宰其生活問題的人，只有那些在奮鬥過程中，也能表現出利他傾向的人，他們超越前進的方式，使別人也能受益。

如果按照這種正確的方式來對待人，我們就會發現，要他們悔悟並不困難。人類所有對價值和成功的判斷，最後總是以合作為基礎，這是人類種族最偉大的共同之點。我們對行為、理想、行動和性格特徵的各種要求，都是它們應該有助於人類的合作。

我們絕不可能找到一個完全缺乏社會感的人，精神病患者、罪犯也知道這個公開的秘密。這一點，可以從他們拼命想替生活風格找出合適的理由，和把責任往別處推等行動中看出。

可是，他們已經喪失了對正面的生活前進的勇氣。自卑情結告訴他們：「在合作中取得成功是沒你的份的。」他們已經避開了真正的生活問題，和虛無

的陰影作戰，以重新肯定自己的力量。

在人類的分工中，有許多不同具體目標的空間存在。我們說過，這種目標都可能含有錯誤在裡面，而我們也總能找出另一些東西來吹毛求疵。

對一個兒童來說，優越的地位可能在於數學知識，對另一個，可能在於藝術，對第三個，則可能是健壯的體格。消化不良的孩子，可能以為他所面臨的問題，主要是營養問題。他的興趣可能轉向食物，因為他覺得這樣做便能改善他的情況。結果他可能變成專門的廚師或營養學家。

在各種特殊的目標裡，我們都可以看到，和真正的補償作用在一起的，還有對可能性的抗拒，和自我限制的訓練。例如，一個哲學家必須經常離開社會，才能思考、才能寫作。但是如果其優越感目標中包含有高度的社會感覺，那麼它所犯的錯誤便不會太大。

第四章

對早期的回憶

了解一個人並不是很簡單的事。在所有的心理學
中，個體心理學很可能是最難學習和最難運用的。
我們必須全神貫注，找出其人格的整體。我們必須
心存懷疑，從細微末節中搜集靈感。

*心靈的考古學

由於企圖達到優越地位的努力，是整個人格的關鍵，所以我們在個人心靈生活中的每一點，都能看到它的印象。

了解之後，在研究個人生活風格的工作上，有兩個很大的助益。首先，我們可以任選一種行為表現，來開始我們的研究。不管選的是什麼，結果都殊途同歸——它們都能顯現出可作為人格核心的動機。其次，可供我們研究的材料會變得非常豐富。每句話、每種思想、感覺或姿勢，都能助於我們的了解。

在考慮某些表現時，或許我們會過於輕率而犯錯，但這些都可以用其他千萬種表現來檢查或糾正。所以我們一定要把每一種表現，都視為是整體的一部分來加以了解，否則無法對其意義作最後的決定。但是，每種表現都述說著同樣的一件事，每種表現都迫使我們趨向一致的答案。

個體心理學家就像一位考古學家。考古學家搜尋著陶器的碎片、古代的工具、建築物的斷垣殘瓦、破碎的紀念碑、古代書籍的殘頁，然後從這些殘餘物品中，推知早已毀滅的整個城市的生活。只是，個體心理學家研究的並不是已毀滅之物，而是人類內部結構的層面。換句話說，就是能夠將其本身的意義，以連續的新表現，展示在我們眼前的活動人格。

了解一個人並不是很簡單的事。在所有的心理學中，個體心理學很可能是最難學習和最難運用的。我們必須全神貫注，找出其人格的整體。我們必須心存懷疑，從細微末節中搜集靈感。

　　例如，從一個人進入房間的方式、問候我們和握手的方式、微笑的樣子、走路的姿態等看出他的人格特徵。在某一點上，我們也許會陷入迷霧，但是其他部分一定會馬上糾正，或肯定我們。心理治療本身就是一種合作的練習和合作的試驗。只有我們眞正對別人有興趣，才能獲得成功。我們必須設身處地替他設想。他也必須盡他的力量，來增加我們對他的了解。我們必須把他的態度和困難兩個問題一起解決。

　　即使我們覺得已經了解他了，也還不足以證明我們是對的，除非他也了解自己。不能放諸四海皆準的眞理，一定不是完全的眞理，它只顯示出我們的了解還遠遠不夠。

　　也許是因為不知道這一點，所有其他的學派才會提出，個體心理治療從來不談「負轉移和正轉移」（negative and positive transference）等概念。

　　嬌寵一個放任成性的病人，可能是贏得他好感的一種簡單方法，但是很明顯的，這也會加深他想統治別人的欲望。如果輕篾地忽視他，可能惹起他的敵意，他可能中止接受治療，也可能希望我們以道歉來

證明他作風正確，才繼續接受治療。

　　事實上，用嬌寵或是用輕視都是不能夠幫助他的。應該向他表示的，是一個人對其同類應有的興趣。沒有哪一種興趣會比這更眞實、更客觀。爲了他自己的幸福，也是爲了別人的利益，我們必須和他合作，來尋找出他的困難。

　　記住了這個目標，我們便不會冒險等待令人興奮的「轉移」現象出現，或是擺出權威的姿態，將他置於依賴和不負責任的狀況中。

＊記憶──你的「生活故事」

　　在所有的心靈現象中，最能暴露其中秘密的便是個人的記憶。他的記憶是隨身攜帶，能讓他想起自己本身的各種限制和環境的意義之物。記憶絕不會出自偶然 ── 個人從他接受到的、多得無可計數的印象中，選出來記住的，只有那些他覺得對他的處境重要的。因此，記憶代表了他的「生活故事」。

　　他會反覆用這個故事來警告或安慰自己，使心力集中於自己的目標，並按照過去的經驗，準備用已經試驗過的行爲風格來應付未來。在每天的行爲中，都很容易看到人們如何利用記憶來平衡情緒。

　　如果一個人遭遇挫折而感到沮喪，他會回想起過去失敗的例子。如果他憂鬱成性，所有的記憶都會帶

有憂鬱色彩。如果他是愉悅而富有勇氣的，回想起的意外都會是愉快的，它們能使他的樂觀主義更爲堅定。同樣的，如果他覺得自己面臨問題，他會喚起各種記憶，來幫助自己做好應付問題的心理準備。

因此，記憶也能達到和夢一樣的目的。

有許多人在面臨抉擇時，會夢見他們曾經順利通過的考驗。他們把抉擇看成是一種考驗，而想要重新創造出曾經使他們成功的心境。在個人生活風格中心情的變化，和他一般心境的結構的平衡，都遵守著同樣的原則。

患有憂鬱症的人，如果能回想起他的成功和得意時光，便不會再憂鬱。所以，他必須告訴自己：「我的整個生命都是不幸的。」並只選擇能被解釋爲不幸命運的事件來回憶。

記憶絕不會和生活風格背道而馳。如果一個人的優越感目標要求他感到：「別人總是在侮辱我。」他就會選擇能被他解釋爲侮辱的事件，來供他記憶之用。但只要他的生活風格改變，記憶局限性便會隨之改變。他不但會記住不同的事情，還會對他記得的事件給予不同的解釋。

＊早期的記憶──生活風格的根源

早期的回憶是特別重要的。

首先，它顯示出生活風格的根源，及其最簡單的表現方式。從那裡，我們可以判斷：一個孩子是被寵慣的還是被忽視的，他學習與別人合作到何種程度，願意和什麼人合作，曾經面臨過什麼問題，以及如何應對。

在患有視力困難、而曾經訓練自己要看得更真切的兒童的早期記憶中，我們曾看到許多和視覺有關的印象。

他的回憶可能一開始就說：「我環顧四周……」也可能描述各種顏色和形狀。行動困難、希望自己能跑能跳的兒童，也會把這些興趣表露在他的回憶中。

從兒童時期起便記下的許多事情，必定和個人的主要興趣非常相近。如果瞭解了他的主要興趣，我們也能知道他的目標和生活風格。這個事實使早期的記憶在職業性的輔導中，有非常重大的價值。

此外，在其中還能看出兒童與父母，以及家庭中其他成員之間的關係。至於記憶的正確與否，倒是沒有多大的關係的。這些記憶最大的價值，在於它們代表了個人的判斷：「即使是在兒時，我就是這樣的一個人了」，或「從兒時起，我就已經發現世界是這個樣子了」。

各種記憶中最富有啟發性的，則是他開始述說故事的方式，和能夠回憶起的最早事件。第一件記憶能

表現出個人的基本人生觀、他的態度的雛形。它給我們一個機會，讓我們一見之下就能看出：他是以什麼東西作為其發展的起始點。

阿德勒在探討人格時，必定要問個人的最初記憶。有時候人們會回答不出來，或說不清哪件事發生在先，但是這種表現本身就很富於啟發性。我們可以推測：他們是不願意討論記憶的基本意義，或是不想合作。

一般而言，人們都是很喜歡談自己的最初記憶的。他們把它當做是單純的事實，不會想到隱藏在背後的意義。大部分的人都會從他們的最初記憶中，坦然無隱的透露出生活的目的、和別人的關係以及對環境的看法。

在最初記憶中，另外一點很有趣的是：它們的濃縮和簡潔，能使我們利用它作大量的探討。我們可以要求一班學生寫下他們最早的回憶，如果我們知道要如何解釋這些回憶，對每個兒童便有了一份非常有價值的資料。

為了便於說明，下面舉了幾個最早記憶的例子，並試著加以解釋。在最早記憶中所發現的意義，應該是可以用他們人格的其他表現來檢查的，但是現在我們只用它們作為訓練，以加強推測的能力。

我們必須知道哪些事情可能是真實的，也必須能

夠拿各種記憶互相比較。我們應該能夠看出：一個人所受的訓練，是使他**趨**向合作，或是反對合作；是勇氣十足，還是膽小沮喪；是希望受人支配和被人照顧，或是充滿自信而能夠獨立；是準備奉獻，或只是想要佔便宜。

＊ 深藏的嫉妒之心

「因為我妹妹……」

哪一個人在最早的記憶中出現，是件必須加以注意的重要之事。當妹妹出現時，我們可以斷定她始終給予這個人的影響，妹妹在他的發展上，曾經投下一層陰影。通常在這兩者之間，我們會發現一種敵對狀態，就像是在比賽中互相競爭一樣。我們也不難理解，這種敵對狀態會使發展增加很多困難。當一個人在童心中就充滿對人的敵意時，他絕不會以友誼關係的方式，擴展出對別人的興趣。但是，結論也不能下得太早，也許這兩個人是好朋友也說不定。

「因為我妹妹和我是家中年紀最小的，所以在她長大到可以上學以前，我也不能去。」現在——敵對的狀態變得很明顯了。妹妹妨礙了我！她年紀比我小，但我卻不得不等待她。她限制了我的機會！

如果這就是這個記憶的真正意義，我們能夠想像到，這個男孩或女孩會認為：「我生活中最大的

危險，就是有某個人限制了我，妨礙了我的自由發展。」不過，男孩子似乎很少受到這種要等待妹妹大到可以上學的限制。

「結果，我們在同一天開始上學。」站在她的立場，這件事可能給她一個印象，認為因為她年紀較大，所以她必須等待於他人之後。

在任何情況下，我們都能看到這個女孩，在生活中運用著這種解釋。她覺得她是為了妹妹的利益而被忽視的，她也可能會把這種忽視歸罪於母親。如果她因此而更依戀她的父親，想使自己成為他的寵兒，我們也不必感到訝異。

「我很清楚地記得媽媽告訴每一個人，當我們第一天上學時，她是感到多麼寂寞。她曾說：『那天下午，我跑到大門口好幾次，盼望著女兒們。我一直怕她們不會回來了。』」

這是對她母親的描述，這個描述顯示她母親的行為，並不是非常理智的。這是這女孩子對母親的看法。「怕我們不會回來」——很明顯的，這母親是很慈愛的，她的女兒們也都知道。但是，她同時也是緊張焦慮的。如果我們能和這個女孩談談，她可能會說出母親偏愛妹妹的更多事。這種偏愛其實是正常的，因為最小的孩子總是比較受到寵愛的。

從她的最初記憶，我們可以作出結論：這兩姊妹

中的姊姊，因為妹妹的敵對而覺得受到妨礙。在她以後的生活中，我們可能會看到嫉妒和害怕競爭的訊號。如果她不喜歡比她年紀輕的婦女，也不是件什麼奇怪的事。有些人在其一生中總覺得自己太老了，有許多嫉妒的婦女，對比她們年輕的同性也總是自覺不如。

* 對死亡的恐懼

「我最早的記憶是祖父的葬禮。那是在我三歲時。」這是一個女孩子寫的。她對死亡這件事，存有很深的印象。

這意味著什麼呢？她把死亡看做是生活中最大的不安全、最大的危險。她從兒童時期發生在她身上的各種事情中，抽出了一條規則：「祖父會死。」

我們可能發現——她是祖父的寵兒，他一直疼愛她。祖父母幾乎都是很疼愛孫兒們的。祖父母不像父母親，他們較不需要負教養之責，而且經常也希望孩子能依附他們，以表示他們仍然能獲得溫情。

我們的文化很不容易讓老人家們感到自己有價值，有時，他們會用一些簡單的方法，來肯定自己的重要性——例如喜歡動怒。在這裡，我們可以推想，當這個女孩幼小的時候，她的祖父非常疼愛她，他的寵愛使她產生深刻的記憶。當他死時，她覺得受到嚴

重的打擊。

「我很清楚的記得，看見他躺在棺材裡。臉色蒼白，全身僵直。」

讓一個三歲的小孩看見屍體，不是明智之舉，至少也應該讓孩子先有心理上的準備。孩子們對看到死人的印象非常深刻，永遠無法忘懷，這個女孩也是一樣。這樣的小孩會努力設法消除或克服死亡的恐怖，他們的志向經常是要成為醫生。

他們覺得醫生所受的訓練，比其他人更能對抗死亡。如果要求醫生說出他的最初記憶，經常是有關於死亡的記憶。

「躺在棺材裡，臉色蒼白，全身僵直。」──這是對可見之物的記憶。也許這個女孩是屬於視覺型的，對觀看世界特別感興趣。

「然後到了墓地。當棺材放進墓穴以後，我記得那些繩子從那粗糙的棺材下面給拉了出來。」她又告訴我們所看到之物，我們更堅信她是屬於視覺型的了。

「這次的經驗會留給我很深的恐懼，以後每當我提起任何親戚、朋友或熟人到另一個世界去了，我總會嚇得全身發抖。」

我們又再次注意到死亡留給她的深刻印象。如果我們問她：「以後妳想從事什麼職業？」她可能會回

答：「醫生。」如果她回答不出或避開這個問題，那麼我們會給她暗示：「你不想當醫生或是護士嗎？」她之所以說「到另一個世界去」，即是對死亡恐懼的一種補償作用。

從她的最初記憶中，我們知道，她的祖父對她非常好，她是屬於視覺型的，而死亡在她的心靈中扮演著重要的角色。她從生活中獲得的意義是——「我們都會死」。這當然是件事實，但是絕不是每個人的主要興趣都在於此。其他還有許多事情能夠吸引我們的注意力。

＊幼稚的好勝之心

「當我三歲的時候，我的父親……」

一開始，她的父親便出現了。我們可以設想，這個女孩子對她父親的興趣遠過於對母親。對父親的興趣是屬於發展的第二階段。

孩子總是最先對母親比較感興趣，因為在最初的一二年間，孩子和母親的合作是非常密切的。孩子需要母親，依付著母親，整個心靈活動都牽掛在母親身上。

如果她轉向父親，母親就失敗了。因為孩子對他的處境已經有所不滿。通常這是更小的娃娃誕生的結果。如果我們在這裡看到有新娃娃出現，我們的猜測

就對了。

「我的父親買給我們一對矮種馬。」孩子不只一個。

「他牽著馬的韁繩把它們帶來，比我大三歲的姊姊……」這時我們必須修正我們的解釋，我們以為這個女孩是姊姊，事實上她的年紀卻較小。也許她的姊姊是母親的寵兒，所以這女孩子才會先提起她的父親和兩隻矮種馬的禮物。

「我的姊姊拿過一條韁繩，牽著她的馬，得意洋洋地在街上走著。」這是她姊姊的勝利姿勢。

「我的馬緊跟著另一匹，跑得太快了，我總趕不上。」——這是她姊姊走在前頭的結果！「我跌下來了，它拖著我跑。這次興高采烈的開始，卻落得淒慘不堪的下場。」

姊姊勝利，占盡了上風。我們可以斷定，這女孩子的意思是：「如果我不小心，姊姊會占盡上風。我會失敗，跌倒在地上。安全的唯一方法就是在前領先。」我們也能了解：她姊姊已經贏得了母親，這就是她之所以轉向父親的原因。

「以後，我的騎術雖然遠超過我姊姊，但是絲毫彌補不了那次遺憾。」

現在，我們的所有假設都得到證實。在這兩姊妹之間，可以看到有一種競爭存在。妹妹覺得：「我

一直掉在後頭，我必須設法趕上。我必須超過其他人。」

次子或年紀較小的孩子，經常有一個競爭對手，而他們又一直想要擊敗對手。這個例子就是這種類型。這個女孩子的記憶加強了她的態度。它讓她覺得：「如果有人在我前面，我便很危險。我必須永遠保持第一。」

*失敗的社交生活

「我最早的記憶，是被我的姊姊帶到宴會和各種社交場合。當我出生時，她大約是十八歲。」

這個女孩子記得她自己是社會的一部分。也許我們在這份記憶中會發現，她的合作程度比別人來得高。大她十八歲的姊姊，對她似乎是有著母親的地位。她是家裡最寵愛她的人，但是她卻好像曾經用很聰明的方式，使這個孩子的興趣擴展到別人身上。

「因為在我出生以前，我的姊姊是五個孩子中的唯一女孩。她當然喜歡拿我到處炫耀。」

這看來並不如我們想像的那麼好。當一個孩子被炫耀時，她所感興趣的，可能會變成「受人欣賞」，而不是奉獻自己所能。

「因此，在我還很小的時候，她就會帶著我到處跑。對於那些宴會，我只記得姊姊老是喜歡強迫我說

話，例如『跟這位小姐說妳的名字』等等。」

　　這是一種錯誤的教育方法。如果這位女孩因此而患上口吃或言語上的困難，也不會值得我們驚訝。口吃的孩子，通常是因為別人對他說話過分注意，他不但無法自然而然地和別人交談，反倒要過分關心自己，並設法使人了解自己。

　　「我還記得，我說不出話來的時候，回到家總會挨一頓罵，因此我變得討厭出門。」

　　我們最先的解釋必須完全修正了。現在，我們可以看出，她最早的記憶背後的意義是：「我被帶出去和別人接觸，但是我發現那是很不愉快的。由於這些經驗，從此以後我便討厭這一類的合作。」因此，我們可以想像，即使到現在，她仍然不喜歡和人交往。

　　我們能夠發現，她對這些事情十分不自在，過分注意自己，相信必須炫耀自己，並覺得這種要求過分沉重。她被訓練得要與眾不同，難以平易近人。

＊對家庭的過分依戀

　　「我的童年時期中，有件大事。當我大約四歲時，我的曾祖母來看我們。」

　　我們說過，祖父母通常都寵愛著他們的孫兒，至於曾祖母如何善待他們，則是我們尚未討論的事。

　　「她來看我們時，我們要拍一張四代同堂的照

片。」

這女孩對她的門第非常感興趣。由於她這麼清楚記得曾祖母的來訪，並和他們合拍照片，我們可以推論出，她對家庭的依戀非常之深。如果說對了，我們會發現她合作的能力，很難超出她家庭的圈子範圍之外。

「我很清楚的記得，我們開車到另一個鎮上去，當我們抵達照相館後，我換了一件白色繡花的衣服。」也許這個女孩子也是屬於視覺型的。

「在我們拍四代同堂的照片以前，我和弟弟先合照了一張。」我們又看到她對家庭的興趣了。她的弟弟是家庭中的一部分，我們很可能聽到他們之間更多的關係。

「他坐在我身旁一把椅子的扶手上，手裡拿著一個閃亮的紅球。」她又再次記起可見之物。「我站在椅子邊，手裡什麼東西都沒有。」

現在我們看到這個女孩的努力目標了。她告訴自己，弟弟比她受人寵愛。我們猜測：當她弟弟出生，取代她最小、最受寵愛的地位時，她可能覺得很不高興。

「他們叫我笑。」

她的意思是：「他們想要使我笑。但是有什麼值得我笑的？他們把我的弟弟擺上寶座，還給他一個閃

亮的紅球，可是他們給了我什麼。」

「然後拍四代同堂的照片，除了我，每個人都想照出好看的樣子。可是我沒有笑。」

她對她的家庭表示抗議，因為她的家庭待她不好。在這個最初記憶中，她告訴我們家庭是怎麼對待她的。

「當要他笑的時候，我弟弟笑得很甜。他很聰明。以後我便一直討厭拍照。」

她的回憶，讓我們領悟到大多數人應付生活的方式。我們得到一種印象後，總是喜歡用它來解釋永久真實的事。很清楚的，她在拍那張照片時覺得非常不愉快，以後便討厭拍照。我們時常發現，當一個人討厭某些事物，且要找出厭惡的理由時，他通常會從經驗中挑選出某些東西，來承擔解釋之責。

這篇最初記憶，給予我們關於她人格的兩個主要暗示。第一，她是屬於視覺型的，第二——這一點比較重要——她對家庭的依附很深。她最初記憶的全部情節，都發生在家庭圈子裡面。她很可能不適於社會生活。

＊在錯誤之後鼓起勇氣

「我最早的記憶之一，是在我大約三歲半時，發生的一件意外事故。幫我父母工作的一個女孩子，把

我們帶到地窖裡，讓我嘗蘋果酒。我們都很高興。」

發現地窖裡有蘋果酒，一定是件有趣的事。那是一種探險的歷程。如果我們現在就要先下點結論的話，我們可以在兩種猜測中選擇其一。

也許這個女孩子很喜歡遭遇新環境，在處理生活問題時，充滿了勇氣。反之，也許是：有許多意志較強的人會引誘我們，將我們引向墮落之途。這個記憶的其餘部分會幫我們作出決定。

「一會兒以後，我們決心要再多嘗一點酒，所以我們就自己動手了。」

這是個有勇氣的女孩。她想要獨立自主。

「過不了多久，我的腿開始不聽使喚，它們失去了行動的能力。因爲我們把蘋果酒都弄翻在地下了，所以地窖也變得潮溼不堪。」

在這裡，我們看到了一個禁酒主義者的形成！

「我不知道是否就是這次意外，使我不喜歡蘋果酒和含酒精成分的飲料的。」

一件小意外，又變成了整個生活態度的成因。如果我們只憑常識想像，我們無法看出這種意外的分量，將導致這種結果。但是這個女孩卻私下以它爲不喜歡酒精飲料的原因。我們可能發現，她是個懂得如何從錯誤中學習的人。她可能富有獨立性，犯了錯也勇於改過。這個特徵可以描繪出她的整個生活。她彷

佛在說：「我犯了過錯。但是當我發現過錯時，我便改正它。」如果確是這樣，她將是一種良好的典型；主動，在**奮鬥**中充滿勇氣，改進自己的處境，並一直找尋著更好的生活方式。

在這些例子中，我們只是在訓練推測的能力。在斷定我們的結論正確無誤以前，我們必須多看人格的許多其他表現。現在，讓我們舉幾個實際的例子來說明：從人格的各種表現中，可以看出它的一貫性。

＊患焦慮性精神病的男人

一個患有焦慮性精神病的三十五歲男子，離開家就覺得焦慮。他曾經數次勉強找到職業，可是只要一進辦公室，他便呻吟終日，直到晚上回家見到母親時才停止。當我們要求他說出最初記憶時，他說：「我記得四歲時，坐在家裡的窗戶邊，看街上有許多人在工作，覺得很好玩。」

看別人在工作，但他自己只是窗邊的觀察者。如果要改變他的症狀，便必須改變他不能和別人一起工作的想法。

他一直以為，生活唯一的方法就是受別人幫助。我們必須改變他的整個人生觀。責備他毫無用處，也無法用醫藥或切除分泌腺來使他悔悟。但是，他的最初記憶，卻使我們比較容易向他建議，能使他感到有

興趣的工作。

我們發現，他患有高度近視，由於這種缺陷，他要非常注意才能看清東西。當他開始遭遇到職業問題時，總是努力在「看」，而不是在「工作」。不過這兩件事並不一定是對立的。當他痊癒後，開了一家書店。用這種方式，在我們分工的社會中，也能奉獻出自己的力量。

＊失語症患者的早期隱症

一個患有歇斯底里性失語症的三十二歲男子，他來請求治療。

他除了囁嚅作聲外，就說不出話來。這種情形已經有兩年之久了。開始時是有一天，他踩到香蕉皮跌倒，撞在計程車的窗玻璃上，嘔吐了兩天之後，就患上了偏頭痛。

無疑的他是腦震盪了。但是既然喉嚨部分沒有發生病理上的變化，腦震盪並不足以成為不能說話的主因。他完全說不出話達八天之久，並把這個意外事件告進了法院，現在仍然纏訟不休。他把整個事件歸咎於計程車司機，並要求汽車公司賠償。

我們不難瞭解，如果他喪失了某種能力，他在訴訟中所占的地位將有利得多。我們不必說他意圖欺騙，因為他沒有大聲說話的必要。也許他在意外事件

的震驚之後，真正發現自己說話困難，卻又看不出有改變的理由。

這個病人曾經找過一位喉科專家，但是專家卻看不出他有什麼毛病。

要求他說出最初記憶時，他告訴我們：「我躺在搖籃裡，來回搖晃。我記得看到掛勾脫開了，搖籃掉下來，我也受了重傷。」

沒有人會喜歡跌跤的。這個人卻過分強調摔跌。他的注意力都集中在跌跤的危險上，這是他的主要興趣。

「當我摔下來時，門打開了，媽媽驚慌失措地跑進來。」

他用跌跤吸引了母親的注意力。此外，這個記憶還是一種譴責——「她沒有好好照顧我」。同樣對他而言，計程車司機和汽車公司都犯了類似的錯誤，他們都對他照顧不周。

這是一個被寵慣孩子的生活風格，他總是想讓別人擔負責任。

「五歲時，我頭上頂著一塊木板，從二十英呎高的樓梯上摔下來。我有五分多鐘說不出話來。」

這個人對喪失語言能力是相當拿手的。他訓練有素的，把摔跌當做是拒絕說話的原因。我們無法把摔跌與失語扯上關係，但是他卻能夠如此。他對這種方

法經驗豐富，現在只要一摔跤，他便自然而然說不出話來。

如果要治療他，必須讓他知道他的錯誤：在跌跤與喪失語言能力之間是沒有關係的。同時要讓他看出，在一次意外之後，他不需要繼續囁嚅作聲達兩年之久。然而，在這個記憶中，還顯現出他為什麼會在跌跤之後做出失語的反應。

「我媽媽又衝了過來，」他繼續說道，「看起來非常激動的樣子。」

在兩次意外事故中，他的跌跤都嚇壞了他的母親，吸引了她的注意。他是個想要被寵愛、想要成為別人注意中心的孩子。我們能夠了解，他習於使別人為他的不幸付出代價。其他被寵慣的孩子，如果發生了同樣的意外，也會這樣做的。

只是他們可能不會拿語言失常當作工具而已。這是我們病人的特殊標記，它是他從經驗中建立起來的生活風格的一部分。

＊反抗父親者的複雜生活

一個抱怨著找不到滿意職業的二十六歲男子，也曾經找阿德勒求診過。

八年前，他父親把他安插到經紀人行業中，但他一直不喜歡這個工作。最近終於辭職了，他想換個工

作，卻一直沒有成功。

　　他還抱怨他難以入眠，經常有自殺的念頭。當他放棄經紀人工作後，曾經離家在另一個城鎮找到了另一份工作。但是不久後他聽到母親病重的消息，又回家和家人一起生活。

　　在他的經歷中，我們猜測他母親可能對他非常溺愛，而他父親卻對他濫施權威。他的生活就是對父親威嚴的一種反抗。當我們問起他在家庭中的排行，他說是老么，而且是唯一的男孩。他有兩個姊姊，大的老是想管教他，另一個也相差無幾。他父親對他總是不斷的吹毛求疵，因此他深刻的感到，他的整個家庭都在壓逼著他。只有母親是他唯一的朋友。

　　他直到十四歲才開始上學。以後，他父親把他送進農業學校，因為這樣他才能在將來計劃要購買的農場上，幫父親的忙。這個孩子在學校裡的表現相當優越，可是卻下定決心不願意從事農業。因此，父親把他安插入經紀人的行業中。他在這個工作上熬了八年之久，但是他說，他能夠這樣做，完全是為了母親之故。

　　童年時，他是懶散而膽小的，怕黑暗、怕孤單。當我們聽到孩子懶散時，總可以找到某個人習慣於幫他收拾東西。當我們聽到孩子怕黑暗和怕孤單時，總可以找到某一個經常注意他、撫慰他的人。對這個青

年而言，這個人就是他的母親。

　　他不以為和人交友是件簡單的事，但是當他周旋於陌生人之間時，卻也覺得相當自在。他沒有戀愛過，對戀愛不感興趣，而且也不想結婚。他認為他父母的婚姻是不美滿的，這一點能夠幫助我們了解他自己為什麼不想結婚。

　　他的父親仍然逼著他，要他繼續從事經紀人的工作。他自己則很想進入廣告界工作，但是他相信他的家庭不會給他錢，讓他開拓自己的事業。

　　在每一點，我們都能看到他行動的目的，是為了反抗他的父親。當他從事經紀人工作時，他已經能夠自立，可是他卻沒有想要用自己賺來的錢，來學習廣告工作。他只有要創業時，才想起要以它作為對父親的新要求。

　　他的最初記憶，很明顯的顯露出一個被寵慣的孩子，對嚴格父親的反抗。他記得小時候在他父親的餐館中工作，他很喜歡擦盤子，並把它們從一張桌子上搬到另一張。他玩盤子的作風惹火了父親，父親當著客人的面，打了他一個耳光。他用這個早期記憶，作為他父親敵意的證明，而他的整個生活，也變成反抗父親的一場戰爭。他並沒有工作的誠意，只要他能傷害父親，他就完全滿足了。

　　他自殺的念頭也很容易解釋。每個自殺案件其實

都是一件譴責。想要自殺時，他其實在說：「我父親的所作所為都是罪惡的。」他對職業的不滿，也都歸咎於他的父親。父親每提出一項計劃，作兒子的就表示反對，但是嬌生慣養的他，卻又無法開創自己的事業。他並不是真的想工作，他只想遊戲，可是他對母親又存有合作之意，所以又像是想找工作一樣。然而，他對父親的抗爭，又如何解釋他的失眠呢？

如果他睡不著覺，第二天就沒有精神工作。他的父親等著他去做事，可是他卻無法動彈。當然，他可以說：「我不要做事，我也不要受壓迫。」但是，他必須考慮他母親和他經濟欠佳的家庭。如果他乾脆拒絕工作，他的家庭會認為他無可救藥，而拒絕再幫助他。他必須要找個理由下台，結果他找到了這種表面看起來似乎是無懈可擊的毛病，失眠。

一開始，他說他從未做過夢，可是到後來卻想起了一個經常發生的夢。

他夢見有個人往牆上扔球，而球總是彈開了。這似乎是個平淡無奇的夢。在這個夢和他生活風格之間，我們能找到關聯嗎？

我們問他：「然後呢？當球彈開時，你覺得如何？」他告訴我們：「當它彈開時，我就醒了。」

現在，他已經揭開他失眠的整個結構了。他利用這個夢作為吵醒他的鬧鐘。他想像每一個人都要推他

向前，強迫他做不喜歡做的事情，他夢見某個人向牆上擲球，這時，他就醒過來了。結果第二天他便疲憊不堪，而當他覺得疲勞，就無法工作了。他的父親急著要他工作，可他用這種曲折的方法，擊敗了父親。

如果我們只看他和父親之間的爭執，我們應該認為，他發明這種武器是相當聰明的。然而他的生活風格，不論對自己或別人，都不是十分完美的，因此我們必須幫他加以改變。

在解釋過他的夢以後，他便不再做這個夢了。但是他告訴我們，他仍然常常在夜半醒來。他已經沒有勇氣再做這個夢，因為他知道人家會揭穿他的目的，但是他仍舊要使自己在隔天疲憊不堪。

我們怎麼幫助他呢？唯一可能的方法是使他與父親和解。只要他的興趣仍然是在於惹怒並擊垮他的父親，問題就不可能好轉。開始時，我們依舊是慣例式的贊同病人的態度：

「你的父親似乎是完全錯了，」阿德勒說道，「他想要用他的權威，時時刻刻支配著你，這種作法確實不太聰明。也許他自己也有問題，也應該接受治療。可是你能怎麼做呢？你不可能改變他。如果下雨了，你該怎麼辦？你只能打把傘或坐計程車，想要反抗雨或壓過它都是沒有用的。現在的你正像竭盡所能在反抗雨一樣。他相信你有力量。你相信你已經壓過

他了，但是你的勝利，傷害最深的卻是你自己。」

我們指出他各種表現之間的一貫性——他對事業猶豫不決、自殺念頭、離家出走以及他的失眠。我們還告訴他，在這些表現之間，他如何用懲罰自己的方法來報復父親。

阿德勒還給他一個勸告：

「今天晚上要睡覺的時候，你要想你隨時都會醒過來，這樣你明天就會很疲勞。你要想，明天你累到不能工作時，你父親怒火沖天的情形。」

我們要他面對事實，他的主要興趣在於激怒並傷害他的父親。如果我們無法制止這種爭戰，治療便不生效用。他是個被寵壞的孩子，我們都能看出這一點，現在他自己也明白了。

這種情形非常類似於所謂的「戀母情結」。這個青年一心一意想要傷害他的父親，卻又非常依附他的母親。只是，這與性無關。他的母親寵愛他，而他的父親卻毫無憐憫之意。他受過錯誤的訓練，並對他所處的地位解釋錯誤。

遺傳在他的煩惱中，並未占有絲毫地位。他的煩惱並不是從殺死部落酋長的野蠻人的本能中繁衍出來的，而是從他的經驗中自己創造出來的。

每一個孩子都可能培養出這種態度。我們只要給他一個溺愛孩子的母親，和一個兇惡的父親，就可以

了。如果這孩子也反抗他的父親，而無法獨立解決自己遭遇的問題，我們便可以了解，要採取這種生活風格是多麼簡單的事。

第五章
夢的祕密

差不多每個人都會做夢，但是真正了解夢的人卻不多。這種現象看來是很奇怪的。夢是人類心靈一種很平常的活動，人們對它一直很感興趣，但是對它的意義卻一直迷惑不解。

* 夢是預言嗎

　　差不多每個人都會做夢，但是眞正了解夢的人卻不多。這種現象看來是很奇怪的。夢是人類心靈一種很平常的活動，人們對它一直很感興趣，但是對它的意義卻一直迷惑不解。

　　有許多人非常重視他們的夢，並以爲夢是奧妙無窮且含有重大意義的。從人類最古老的年代起，就對夢有興趣。但是，一般說來，人們對做夢時自己到底在做些什麼，或爲什麼會做夢等事，仍舊沒有什麼了解。

　　解釋夢的理論，只有兩種是最容易讓人了解而合乎科學的。這兩個聲稱要了解夢並解釋夢的學派，是心理分析的佛洛依德學派和個體心理學派。在這兩者之中，可能只有個體心理學者才敢說，他們的解釋是完全合乎常識的。

　　以往想要解釋夢的嘗試，大多是不科學的，但是它們都值得加以注意。最少它們能表現出以前人們把夢當做是什麼，和他們看待夢的態度。因爲夢是人類心靈創造活動的一部分，如果我們能發現夢有些什麼期待，我們便可以相當準確地看出夢的目的。

　　在我們的研究剛開始的時候，我們就看到一件明顯的事實，大家似乎都認爲夢能預測未來。人們常常認爲，在夢裡，有某些精靈、鬼神或祖先會佔住他們

的心靈，並影響他們。在困難時，他們會藉由夢來指點迷津。

　　古代解夢的書，對夢見某種夢的人將來的運道，都設法加以解釋。原始民族則在夢中尋找預言和徵兆。希臘人和埃及人到神廟裡參拜，希望能得到一些神聖的夢，來影響他們未來的生活。他們把這種夢當做是治療，能消除身體上或心靈上的痛苦。美洲的印第安人，則以齋戒、淋浴、行聖禮等非常繁冗的宗教儀式來引起夢，然後按他們對夢的解釋，作為行為的依據。在《舊約》中，夢一直被解釋為未來事情的預兆。

　　就是在今天，也有許多人堅持，他們做過的很多夢，後來都變成事實了。他們相信他們在夢中會成為預言家，而夢則會運用某種方法，讓他們進入未來的世界中，並預見以後會發生的事。

　　從科學的觀點來看，這種觀點自然是荒唐無稽的。

＊夢是生活的另一面

　　從阿德勒想解開夢的問題的時候起，他就認為做夢的人預見未來的能力，比起清醒的人還差得遠。

　　我們不難發現，夢不僅不會比日常思維來得理智，反倒是更為混亂而令人難解。我們對人類以為夢

能夠經由某種方法，和未來發生聯繫的傳統觀念，不能不加以注意。

　　也許我們會發現，從某種方向來看，這種觀念並不是完全錯誤的。但如果我們運用客觀的態度來加以研討，它就可能提醒我們，注意某些一向被忽視的重要點。我們已經說過，人們曾經以為夢能夠對他們的問題提出解決之道。我們可以說，這種人做夢的目的，就是想要獲得對未來的指引，及解決問題的方法。

　　我們必須考慮，他尋求的是哪種問題的解決方法？他從其中希望獲得些什麼？有一點是非常明顯的，夢中所提出的任何解決之道，必然比清醒時考慮整個情境所獲得的方法更差。事實上，若是會做啟示性的夢，就等於是希望在睡覺中解決問題。在佛洛依德學派的觀點中，我們發現了一種真正的努力，主張夢具有可以科學解釋的意義。

　　但是在很多方面，佛洛依德的解釋，已經把夢帶出了科學的範圍之外。例如，它假設：在白天的心靈活動和夜晚的心靈活動之間，有一個間隙存在；「意識」和「潛意識」彼此互相對立；而夢則遵循著一些和日常思維法則迥然不同的定律。當我們看到這些對立時，會認為心靈有一種不合乎科學的態度。

　　在原始民族和古代哲學家的思想中，常常會看到

這種強烈對立的概念，把它們當做相反事件來處理的例子。精神病患者之間，這種對立的態度表現得最明顯。人們經常相信左、右是互相對立的，男女、冷熱、光暗、強弱也是互相對立的。但是，從科學家的立場來看，它們不是互相對立的事物，而是同一件東西的變異。它們只是一張量表上的不同程度而已。同樣的，好和壞、常態和變態野都不是對立事物，而是同一物的變異。把睡眠和清醒、做夢時的思想和清醒時的思想當做是對立的任何理論，都是不科學的。

* 佛洛依德的失誤

原始佛洛依德學派觀點中的另一個難題，是把夢的背景歸結為性。這也使得夢從人類通常的努力和活動中分離開來，如果這種看法正確，那麼夢就不是表現整個人格的一種方法，它表現的只是人格的一部分而已。

佛洛依德學派自己也發現，用性來解釋夢是有所不足的，因此，佛洛依德主張，在夢裡，我們還能發現一種求死的潛意識欲望。我們也許能發現，這在觀點上是正確的。

我們說過，夢是想要找出解決問題方法的企圖，它們顯露出個人勇氣的喪失。可是佛洛依德學派的名詞卻離譜太遠了，它們根本無法讓我們看出，整個人

格是如何表現在夢裡面的。而且夢中的生活和白天的生活，似乎又變成了壁壘分明的不同事物。

不過，在佛洛依德學派的概念中，我們也得到了許多有趣且價值的暗示。例如，其中別有用的暗示是，夢本身並沒有什麼重要性，重要的是夢後面的潛伏思想。在個體心理學中，我們也獲得了類似的結論。

佛洛依德學派所忽視的，是個體心理學的第一個要求──認清人格的一貫性，和個人在其表現中的一致性。這種缺點，可以從佛洛依德學派對解釋夢的幾個關鍵問題的回答中看出來。

「夢的目的是什麼？我們為什麼要做夢？」佛洛依德學派的回答是：「為滿足個人未經實現的願望。」但是，這種觀點並不能解釋一切。如果一個夢是撲朔迷離的，如果忘掉了，或無法了解，那裡還有滿足可言？

每一個人都會做夢，但是幾乎沒有人了解他的夢，這樣，我們從夢裡又得到些什麼快樂？如果夢中人生和白天的生活截然不同，而夢所造成的滿足，只發生在它自己的生活圈子中，我們也許就能了解夢對做夢者的用途。但是這樣一來，我們便喪失了人格的統整性。夢對清醒狀態的人也沒有什麼用了。

從科學的觀點看來，作夢者和清醒時的人都是同

一人，夢的目的也必須適用於這個一貫的人格上。

但是，有一種類型的人，我們無法把他在夢中對滿足希望的努力，和他的整個人格聯繫起來。這一類的人是被寵壞的孩子，他們老是回答：「要怎樣做才能獲得滿足？生活能給我什麼東西？」這種人在夢中，可能像他在其他各種表現中一樣尋找滿足。

事實上，如果再加以注意，我們會發現，佛洛依德學派的理論，是被寵壞的孩子的心理學，這些孩子覺得他們的本能，絕對不能被否定，認為別人的存在是不必要的，他們一直在問：「我為什麼要愛我的鄰居？我的鄰居愛我嗎？」

佛洛依德學派用被寵壞的孩子的前提作為基礎，並過分仔細的研究了這些前提。但是對滿足的追求，只是千萬種對優越感的追求之一，我們絕不能把它當做是各種人格表現的中心動機。而且，如果我們真正發現了夢的目的，它也能幫助我們看出遺忘夢和不了解夢能達到什麼目的。

大約在二十五年前，當阿德勒開始想發現夢的意義時，這是個最令他困擾的問題。

＊夢——生活風格的產品

阿德勒看出，夢並不是和清醒時的生活相互對立的，它必然和生活的其他動作和表現相互一致。如果

我們在白天專心致力追求某種優越感目標，我們在晚上也會關心著同樣的問題。每個人做夢時，都好像在夢中有一個工作，在等待他去完成一般。夢必然是生活風格的產品，它也一定有助於生活風格的營造和加強。

有一件事夠幫助我們澄清夢的目的。

我們會做夢，但是清晨醒來以後，我們通常都會把夢忘掉，似乎不留下一絲殘痕。但這是真的嗎？真的什麼都沒留下來嗎？不是的。我們還留有夢所引起的許多感覺。夢中景像都已消失，對夢的了解也不復存在，遺留下來的只有許多感覺。夢的目的必然是在於它們引起的感覺之中。夢只是引起這些感覺的一種方法、一種工具，夢的目標是它所留下來的感覺。

個人所營造出的感覺，必須和他的生活風格永遠保持一致。夢中思想和白天思想之間的差異，不是絕對的，這兩者之間並沒有明顯的界限。

用簡單的話來說，其間的差異僅在於做夢時，有較多和現實的關係暫時被擱置了。然而，它並沒有脫離現實。我們睡覺時，仍然和現實保持著接觸。如果受到問題的困擾，睡眠也會受到擾亂。睡覺時，我們會做出種種協調的動作，以免摔下床來，這可以證明和現實的聯繫仍然是存在的。

儘管街上喧鬧異常，母親仍然可以安然入睡，可

是孩子稍有風吹草動，她卻會馬上醒過來。即使是在睡覺中，我們也和外在世界保持著接觸。然而，在睡覺時，感官的知覺雖不是完全喪失，卻也已經減弱，且我們和現實的接觸也較為鬆弛。

　　我們做夢時，是個人獨處的。社會的要求不再緊緊跟著我們，也不必一絲不苟的，考慮環繞著我們的情境。

　　我們可以說在面臨的問題尚未解決時，只有在睡眠中，現實也不斷壓迫著我們，並向我們提出種種難題時，才會做夢。夢的工作就是應付我們面臨的難題，並提供解決之道。

＊夢的功用──解決現實中的難題

　　現在，我們可以看到，在睡眠時，心靈是用什麼方法來應付問題的。因為我們不必顧慮到整個情境，看來便簡單得多，而在此提出的解決之道，對我們本身適應的要求也是非常之小。

　　夢的目的是在支持生活的風格，並引起適合於生活風格的感覺。但是，生活風格為什麼需要支持呢？是因為會侵襲它，而且能夠攻擊它的，只有現實和常識。因此，夢的目的就是支持生活風格抵制常識的要求。這給了我們一個有趣的想法。如果一個人面臨了一個不希望用常識來解決的問題，他便能夠用夢所引

起的感覺，來堅定自己的態度。

乍見之下，這似乎和我們清醒時的生活互相矛盾，但事實上，其間必無矛盾存在。我們可能引起和清醒時完全一致的感覺。如果有個人生活中發生困難，但他並不希望以常識來解決，而只想繼續運用他不合時宜的生活風格時，他會找出各種理由來維護他的生活風格，好似它已足以應付問題。

例如，他的目標是在不勞而獲，他不想工作、不想努力，也不想對別人有所貢獻，那麼賭博對他而言，就是一種機會。

他知道有許多人因賭博而傾家盪產，可是他希望悠閒度日，僥倖致富。他會怎麼做呢？他會滿腦子充滿了金錢的幻想，為自己勾勒出一幅暴富後的景象，買汽車，過奢華的生活，受眾人的恭維。由這些景象激起了能夠推他向前的感覺。於是他撇開常識，開始賭博。

同樣的事情也會發生在生活當中。在工作的時候，如果有人告訴我們，他看過了一部很棒的電影，我們也會想停下工作來，到電影院去。當一個人陷入愛河時，他會為自己的未來描繪出一幅景象。如果他真正喜愛對方，描繪出的景象必然是愉悅的，反之，如果他感到悲觀，未來的景象一定會沾染上灰暗的色彩。

無論如何，他總會激發起自己的感覺，而我們也能從他所引起的感覺的類別，來分辨他是那一種人。

＊自欺的夢——常識的敵人

如果在做夢之後，除了感覺以外，什麼也沒有留下，它對常識又會有什麼影響呢？夢是常識的敵人。我們很可能發現，有些不願意被他們的感覺所欺騙的人，他們寧可依照科學的方法來做事。這種人很少做夢或根本不會做夢。其他的人大都喜歡背離常識，他們不願意用正常而有用的方法，來解決他們的問題。

常識是合作的一面，合作素養欠佳的人，都不會喜歡常識。這種人會頻頻做夢。他們怕自己的生活風格會受到抨擊，他們希望避開現實的挑戰。

我們可以獲得如下的結論，夢是想在個人生活風格和他當前的問題之間建立起聯繫，而又不願意對生活風格作出新要求的一種企圖。

生活風格是夢的主宰。它必定會引起個人所需要的感覺。我們在夢裡發現的每一件東西，都可以在這個人的其他特徵中發現到。無論我們做夢與否，我們都會以同樣的方式來應付問題，但夢卻對我們的生活風格，提供了一種支持和維護。

如果這種觀點正確，我們在了解夢的歷程上，就已經走出了最新且最重要的一步。在夢中，我們欺騙

著自己，每一個夢都是自我陶醉、自我催眠。它的最終目的，就是引起一種準備應付問題的心境。在其中，我們會看到和日常生活完全相同的人格。此外，我們還會看到他在夢中，彷彿正準備著他會在白天用到的各種感覺。

事實上，我們發現了什麼呢？首先，我們發現了某種對夢中景象、事件、意外事故的選擇。之前我們也提過這種選擇。當個人回顧過去時，他就是把經驗過的景象和事物，重新加以整理。我們也說過，他的選擇是順著己意的──他從記憶中選出的，只是能夠支持他優越感目標的事件。

同樣的，在夢的構成中，我們也只選出和生活風格符合一致、能表現如生活風格要求的事件。這種選擇，只不過是生活風格和我們遭遇到的困難，發生關係後所得的結果而已。在夢中，我們的生活風格要求獨來獨往。要應付現實的困難，必須借重於常識，但是生活風格卻堅持不讓步。

＊夢的材料──隱喻和符號

夢是用哪些材料構成的？從古時候起人們就已經發現，當代的佛洛依德也會特別強調：夢主要是由隱喻和符號構成的。正如一位心理學家所說：「在我們夢裡，我們都是詩人。」

但是，夢為什麼不用簡單乾脆的語言，而要用隱喻和詩來表達？因為我們若不用隱喻和符號，只是坦率說出，我們就無法避開常識。

　　隱喻和符號可以是荒謬無稽的，它們能把不同的意義聯結起來，也能夠同時道出兩件事情，而其一很可能是虛假的。其中不合邏輯的結論，常被用以引起感覺。而且我們在日常生活中又常會發現它。

　　當我們想糾正別人時，我們會說：「別孩子氣了！」有時我們會問：「幹嘛哭呢？難道你是女人嗎？」當我們引用此喻時，不相干的東西、或只能訴諸感情的東西都會混進來。當一個彪形大漢對一個小個子生氣時，他可能會說：「他是一條毛毛蟲，他只配在地上爬。」用這種比喻，他輕而易舉的表現了他的憤怒。隱喻是極其美妙的語言工具，但是運用它們時，我們卻難免要欺騙了自己。

　　當荷馬描寫希臘的軍隊，像雄獅縱橫於戰場上時，他使我們感到一種誇大其詞的影響。難道他會正確的說出那些疲乏、骯髒的兵士，是怎樣在戰場上爬行的嗎？不會的，他只要我們把他們想像成雄獅。我們知道他們並不是真正的獅子，但如果詩人描寫他們如何氣喘如牛、揮汗如雨，他們如何停下來重振士氣或躲避危險，他們的甲冑又是如何破舊等等的雞毛蒜皮的細微小節，我們就不會如此的深受感動。

＊遮蔽自我的面具

運用比喻是為了美、想像和幻想。但是，我們卻必須說——對一個擁有錯誤生活意義的人而言，運用隱喻和符號是件危險的事。

一個學生面臨著一場即將到來的考試，這個問題非常單純，他必須鼓起勇氣、全力以赴。但是如果他想臨陣逃脫，他可能夢見自己正在打仗。他把這個單純的問題，用相當複雜的隱喻描繪出來，然後便有充分的理由可以害怕了。

或者，他會夢到自己正站在懸崖邊緣，如果不向後退，便可能摔得粉身碎骨。他創造出某種心境來幫他躲開考試，並使用懸崖來比喻考試，以欺騙自己。

在這個例子中，我們還發現了在夢中經常使用的一種方法。就是把一個問題加以切割分解，直到只剩下原來問題的一部分，然後用隱喻的方式，把切掉的部分表現出來，並將其視為原本的問題處理。

另外有一個學生比較勇敢而有遠見，他希望能把書念完，並通過考試。同時，他仍然希望獲得支持肯定，仍然希望能重新肯定自己——他的生活風格要求這些。考試前，他夢見自己站在一個小山頂上，他所處的情境是非常簡單的，只表現出全部的生活環境的一小部分。但對他而言，他的問題非常重大，他排除了生活的其他方面，只集中注意於成功的希望上。這

樣，他便激起了有助於他的感覺。次日清晨，他起床時覺得精力充沛、心情愉快，勇氣更勝往昔。在減輕他感受到的困難方面，他已經成功了。可是，儘管他重新肯定了自己，他仍是欺騙了自己。他不是用常識的方式，全心全意的面對整個問題，而是用夢境引起了自信。

這種心境的引起是很平常的事。一個人要跳過小溪流之前，可能要先數一、二、三。難道數一、二、三真的是這麼重要嗎？在跳過溪流和數一、二、三之間，是否有必然的關係存在？不是的，一點關係也沒有。他數一、二、三，只不過是要引起他的心境、集中他的力量而已。

在人類的心中，已經預存有執行生活風格、並使之固定和加強的各種方法，最重要的方法之一，就是引起心境的能力。我們夜以繼日的使用這個方法，只是它出現得較為明顯的時候是在夜間。

＊自我欺騙的殺人噩夢

舉個例子說明我們用自己的夢來欺騙自己的方法。戰爭期間，阿德勒是一間收容精神病戰士醫院的院長。當他看到無法作戰的士兵時，總是盡可能給他們做簡單的工作，設法讓他們放鬆。他們的緊張很明顯的消失了，表示這種方法是很成功的。

有一天，一個士兵來找他，他是所有士兵中體格最健壯的人之一，但卻顯得非常沮喪。當阿德勒檢查他的時候，也拿不定主意該對他採取何種措施。當然，阿德勒是希望把每一個來看病的士兵都送回家，但是他開的診斷書，得要通過一位高級軍官的認可，因此，要在這位士兵的個案中作出決定，並不是容易的事。

然後，阿德勒說：「你患了精神病，但是身體卻很強健，我會讓你做輕鬆的工作，這樣你就不必上前線了。」

那位士兵可憐兮兮的說道：「我是個窮學生，我要靠教書來養活年邁的父母。如果我不能教書，他們就要挨餓，我不養他們，他們就要餓死了。」

當時，阿德勒想要幫他找個更輕鬆的工作 —— 送他到軍事機關中做事，但是他怕他開的診斷書如果真的這樣寫，那位高級軍官一定會火大，再把那位士兵送上前線。結果，阿德勒決定盡他所能的照實填寫，證明他只適合於防衛性的工作。

但當晚阿德勒睡覺時，他便做了一個噩夢 ——

他夢見他是個兇手，在黑暗的窄巷裡逃命，卻想不起自己到底殺了誰。他只知道：「我犯了謀殺罪，我完了。我的人生已經完了。什麼事情都完蛋了！」因此，在夢中他呆若木雞、冷汗直流。

醒來後，阿德勒的第一個念頭是：「我殺了誰？」他馬上便想起，「如果我不把那個年輕士兵，安置在軍事機關中服務，他可能會被送上前線而陣亡。那麼我就成了兇手。」

我們可以看到他是如何激起一種心境來欺騙自己。他當然不是兇手，如果這種不幸真的發生了，他也沒有罪。但是，他的生活風格卻不容許他冒這個險。阿德勒認為自己是個醫生，他的責任是挽救生命，而不是陷其於危險之境。然後他又想，如果自己給他一份輕鬆的工作，那位軍官更可能送他上前線，這樣會把情況弄得更糟。

最後阿德勒終於拿定主意，若要幫助他，唯一該做的事情就是遵從常識的判斷，並且不擾亂自己的生活風格。因此，他還是證實了那位士兵只適合做防衛的工作。

之後發生的事情證明，遵從常識總是上策。那位軍官看了阿德勒開的診斷書之後，批道：「軍事機關服務，六個月。」

不過，後來阿德勒才知道，原來那名軍官受了賄賂，有意要調那士兵到輕鬆的單位。那個年輕人從來沒教過書，說的也沒有一句實話。編那個故事，只要讓阿德勒證明，他只能做輕鬆的工作，以便那位軍官能在診斷書上如他的願下批示。從那天起，阿德勒再

也不輕易接受夢的左右了。

＊夢的個人性

夢的目的是在欺騙我們自己，並使我們自我陶醉，這件事情能說明夢為什麼那麼難以理解。如果我們理解了夢，它便不能再欺騙我們，也不能再引起我們的心境和情緒。我們將寧願按照常識來應付問題，也不願再接受夢的啟示，如果夢都被理解了，它的目的也就喪失了。

夢是當前現實問題和生活風格之間的橋樑，本來生活風格是應該和現實直接接觸的，但是，隨著許多不同的變化，每一個夢都表現出 —— 按照個人面臨的特殊情境，他覺得自己生活風格還需要加強的某一方面。

因此，對於夢的解釋，應該都是屬於個人的。我們不能用一般的公式，來解釋符號和隱喻，因為夢是生活風格的產品，是從個人對他所處情境的解釋中得來的。本文中，當我們大略描述幾種典型的夢時，並不是要提出解釋夢的秘訣，而是要利用它來幫助我們了解夢和它的意義。

有許多人做過飛翔的夢。這種夢的關鍵和其他的一樣，在於它所引起的感覺。它留下了一種輕快和充滿勇氣的心境。它把人由低向上推，把克服困難和對

優越感目標的追求者，看做輕而易舉的事。因此，它能讓我們猜測一個勇敢的人，他高瞻遠矚、雄心勃勃，即使在睡眠中，也不願放下他的野心。它包含著一個問題：「我是否應該繼續向前？」和一個答案：「我的前途必定是一帆風順。」

鮮少人沒做過高空摔下的夢。這是非常值得加以注意的。它表示這個人的心靈保守，並擔心遭到失敗，而不是全心全意要克服困難。當我們想起我們傳統的教育就是警告孩子，要他們保護自己時，這種夢就很容易理解了。

孩子們經常受到告誡：「不要爬上梯子！不要動剪刀！不要玩火！」，他們總是包圍在這種虛構的危險之中。當然，有些危險是真實的，但是把一個人弄得膽小如鼠，是不能幫助他應付危險的。

當人們經常夢見自己不能動彈或趕不上火車時，它的意思通常是：「就算我不花力氣，這個問題也能安然度過，這樣我會很高興。我要繞道而行，或是遲到才好，免得看到這個問題。我要等火車開走。」

有許多人夢見考試。在夢中，他們會很驚訝的發覺，他們竟然會年紀這麼大還要參加考試，或是很久以前已經通過的一門科目，現在又再考試一次。對某些人而言，它可能意指：「你以前曾經通過這種考試，現在你也必須通過你眼前的這場考驗！」

一個人的符號，和另一個人的絕對不會相同。關於夢，我們首先必須考慮到的，是它遺留下來的心境，以及它和整個生活風格之間的關係。

＊公寓的象徵

有一次，一位三十二歲的精神病患去找阿德勒，要求治療。她在家中排行第二，而且也像大多數次子一樣很有野心。她總是希望自己得到第一，並盡善盡美、毫無瑕疵地解決所有問題。

她愛上了一個年紀比她大的已婚男人，而那個男人的事業一敗塗地。她希望和他結婚，但是他又無法和元配離婚。後來，她夢見當她住在鄉下時，有一個男人向她租公寓，他搬進來後不久便結婚了。他不會賺錢，也不是個正直或勤勉的人。由於他付不起房租，她只好逼迫他遷出。

一見之下，我們就能夠看出，這個夢和她現在的問題有某種關聯。她正在考慮著是否要跟一個事業失敗的人結婚。她的情人很窮，而且無法幫助她。更讓她擔憂的是，他曾經請她吃晚餐，但卻沒有足夠的錢付帳。

這個夢的效果，是引起反對結婚的心境。她是個野心勃勃的女人，不希望和一個窮男人聯結在一起。她用了一個比喻來問她自己：「如果他租了我的公寓

卻付不起房租，對這樣的房客，我該怎麼辦？」回答是：「他必須馬上離開。」

然而，這個已婚男人並不是她的房客，他們可能無法互相比擬。不能供養家庭的丈夫，和付不起房租的房客也不完全相同。可是為了要解決她的問題，為了要更安穩的遵行她的生活風格，她給了自己一種感覺：「我不能和他結婚。」

用這個方法，她能避免以常識來處理這個問題，而只進出其中一小部分。同時，她把愛情和婚姻的整個問題，縮小到似乎它們能夠表現在這個隱喻中：「一個男人租了我的公寓，如果他付不起錢，他就要滾蛋。」

＊憂鬱女子的夢

由於個體心理學的治療技術，始終是指導個人增加應付生活問題的勇氣，我們不難理解，在治療的過程中，夢會發生改變，而顯現出較有自信的態度。

一個憂鬱症患者，在痊癒前所做的最後一個夢是：「我一個人獨自坐在板凳上。突然暴風雨來了。我急忙跑進我丈夫的屋子裡去，因此我很幸運的避開了風雨。然後我幫著他在報紙的廣告欄中，尋找適當的職業。」

這位病人自己也能夠解釋這個夢。它很明顯的表

現出，她和丈夫言歸於好的感覺。之前，她很恨他，尖刻的指責他的軟弱，和缺乏改善生活的上進心。

這個夢的意義是：「和我丈夫在一起，還是比我單獨一個人承擔風險來得好。」雖然我們或許會同意這個病人對她環境的看法，可是她使自己遷就於丈夫和婚姻的方式，仍然隱約流露出她會有的不平之感。她過分強調了單獨生活的危險，而且還不能勇敢而獨立的和丈夫合作。

＊十歲的小迫害狂

一個十歲的男孩子，被帶到阿德勒的診所來。他的學校老師指責他，用卑鄙的手段陷害其他同學。他在學校裡偷了東西，放在別的孩子的抽屜裡，來使他們受到處罰。這種行為只有在一個孩子覺得，需要讓別人低於自己的水準時，才可能發生。

他要羞辱其他人，證明他們是卑鄙下流的。如果他的想法確是如此，我們可以推測，這一定是他在家庭圈子裡訓練出來的，他的家中一定有某個人是他希望加以誣陷的。

當他十歲時，他曾經向街上一位孕婦丟擲石塊而惹起了麻煩。他可能在十歲之齡便已經知道懷孕是怎麼一回事了。我們還能夠推測，他可能不喜歡懷孕。我們難免要猜想，是否有小弟弟或小妹妹的降生，使

他覺得不開心？

在老師的報告上，他被稱之為「害群之馬」，他對同學們搗蛋，替他們取外號，打他們的小報告。他追趕著小女孩跑，甚至打她們。現在我們大致可以推測，他有一個和他互相競爭的妹妹。

後來，我們得知，他是兩個孩子之中的老大，有一個四歲的妹妹。他的母親說，他很喜歡他的妹妹，而且一直對她很好。我們很難輕信這種話──這樣的男孩子如何會喜愛妹妹？以後，我們還要追究我們的懷疑是否正確。

這位母親還說，她和丈夫之間的關係是很理想的。這對於這個孩子真是件憾事。很明顯的，他的父母對他所犯的任何錯誤沒有責任，而是出於他邪惡的本性，出自於他的命運，或出自於他遠代的祖先！我們經常聽到這種幸福的婚姻、這樣優秀的父母，和這樣混蛋的小孩！教師、心理學家、律師和法官都是這種不幸的見證人。

事實上，「理想」的婚姻對小孩子而言，可能是非常刺眼的事，如果他看到媽媽對爸爸溫柔相待，他可能會覺得十分惱火。他要獨佔母親的感情，他不喜歡她對其他任何人有情感的表示。如果美滿的婚姻對孩子不好，而不完美的婚姻對孩子更糟，那麼我們該怎麼辦呢？

我們必須使孩子和他人合作，我們必須把他真正帶入婚姻關係中。我們要避免讓他只依附於雙親之一的身上。這個個案中的孩子，可能是個被寵壞的孩子，他要吸引母親的注意力，當他覺得自己受到的關懷不夠時，他知道要惹麻煩來達到他的目的。

我們馬上就發現這種見解的證據了。這位母親從來不責罰孩子，她總是等父親回來懲罰他。也許她覺得心軟，或只有男人才配發號司令，男人才有力量懲罰別人。也許她希望這個孩子依附著她，並深怕失掉了他。無論如何，她把孩子訓練得對父親沒有興趣、不合作，並且經常發生摩擦。

我們還聽說，他的父親雖然全心全力照顧著他的家庭，但由於這個孩子，他在一天工作結束之後，總是不想回家。他很嚴厲的責罰孩子，並常常鞭打他。據說，這個孩子並沒有因此而憎恨他的父親。當然這個孩子並不是低能兒，他已經學會怎樣技巧的隱藏起自己的情感。

他喜歡他的妹妹，但是並不和她好好一起玩，他時常打她耳光或踢她。他睡在餐廳的沙發上，他的妹妹則睡在父母房中的一張小床上。

現在，如果我們設身處地的為這個孩子著想，如果我們的心情和他一樣，父母房中的那張小床，也會使我們感到難過。他要佔有母親的注意力，可是在晚

上，他的妹妹卻和母親靠得這麼近，他必須設法讓母親親近自己。

這個孩子的健康情形非常良好，他出生時很順利，哺餵母奶達七個月。當他初次改用奶瓶時，他嘔吐了。此後，他的嘔吐斷斷續續發生，直到三歲，大概他的腸胃不太好。目前他的飲食正常，營養也相當良好，但是他對於自己的腸胃興趣猶存，他把它當做是自己的弱點。

現在，我們可以更了解，他為什麼要向孕婦扔石頭了。他對於飲食非常挑剔，他不喜歡家裡的菜餚，他的母親給他錢，讓他到外面買自己喜歡吃的東西。然而，他還是到處對鄰居宣揚，他的父母沒有給他足夠的東西吃。這種把戲他已經玩過許多次了。他恢復優越感的方法，就是詆毀別人。

現在，我們已經可以了解，他到診所來時，所說的一個夢了。

「我是西部的牛仔，」他說，「他們把我送到墨西哥，我自己再殺出血路回到美國。有一個墨西哥人想來阻攔，我就在他肚皮上踢了一腳。」

這個夢的意義是：「我被敵人四處包圍，我必須努力奮戰。」

在美國，牛仔被看做英雄人物一樣崇拜，他認為追著小女孩跑或踢別人的肚皮，都是英雄作風。我們

已經看到，肚子在他的生活中，扮演了相當重要的角色——他把它當做是容易受傷的要害。他自己曾經受到腸胃不良之苦，而他的父親也患有神精性胃病，常常抱怨胃不舒服。

在這個家庭中，胃已經被升到最重要的地位了。這個孩子的目標，是攻擊別人的最弱點，他的夢和他的動作，都絲毫不差的表現出同樣的生活風格。

他生活在夢裡面，如果我們無法叫醒他，他會繼續以同樣的方式生活下去。他將不僅和父親、妹妹、小男孩、小女孩發生爭執，還會向想阻止他這樣爭執的醫生宣戰；他夢想式的行動，會刺激他繼續設法成為英雄、征服別人，除非他覺悟他是欺騙自己，此外，就沒有哪種治療能幫助他。

在診所裡，我們向他解釋了他的夢。他覺得自己生活在敵國裡，每一個想懲罰他、把他帶到墨西哥的人，都是他的敵人。

下一次他再到診所來時，我們問他：「從上次我們見面以後，發生了什麼事沒有？」

「我做了壞孩子。」他回答道。

「你做什麼事了？」

「我追著一個小女孩跑。」

這種說法不僅是坦白而已，它是一種誇大、一種攻擊。他知道，醫院中的這些人想改變他，所以他堅

持自己仍然是個壞孩子。他似乎在說：「別想改變我，我會踢你的肚皮！」我們該拿他怎麼辦呢？他仍舊做夢，仍然扮演著英雄角色。我們必須先消除他由這個角色所獲得的滿足感。

「你難道相信，」我們問他，「英雄真的只會追小女孩嗎？這種英雄作風，豈不是太彆腳了嗎？如果你要當英雄，你就該去追大女孩子！要不然你就根本不要追趕女孩！」

這是治療的一方面。我們必須讓他認識清楚，不要再急著想繼續這種自討苦吃的生活風格，以免將來後患無窮。另一方面是要鼓勵他合作，讓他發現生活另一面的重要性。除非一個人害怕採用生活中有用的一面，會遭受到挫敗，他是不會固守在無用的一面的。

＊單身女秘書的苦惱

一個單身、從事秘書工作的二十四歲女子，抱怨她老闆那種欺善怕惡的作風，使她忍無可忍。她還覺得無法與人交往或維持友誼。

經驗使我們相信，一個人如果無法與人交往，很可能是因為他希望駕馭別人，他只對自己有興趣，希望表現他個人的優越感。她的老闆可能也是這種人，他們都想指揮別人，兩個這樣的人碰在一起，是註定

要發生困難的。

這個女孩子是家中七個孩子裡年齡最小的，也是家裡的寵兒。她外號叫「湯姆」，因爲她一直想要當個男孩。這更使我們懷疑，她是否以駕馭別人作爲優越感的目標？她可能以爲只要男性化，就能夠駕馭別人或控制別人，而且不受人控制。

她很美麗，並且她認爲別人喜歡她，是因爲她甜美的臉孔，所以她一直很怕臉受到傷害。她知道美麗的女孩容易給人深刻的印象，也容易控制別人。但是她又希望當男孩子，並用男性化的方式來統治別人，結果她也不會因爲她的美麗而開心。

她的最初記憶是被一個男人驚嚇。她承認現在她仍然很怕受到強盜或瘋子的侵襲。一個想要成爲男性化的女孩子，竟然會怕強盜和瘋子，這件事似乎很奇怪。

但是事實上這並沒有什麼好奇怪的。她只是希望生活在一個她能夠隨意控制的環境裡，對於難以掌握的事則要儘量避開。強盜和瘋子是她無法控制的，因此她希望他們能徹底消失掉。

她只希望不費吹灰之力的變成男性，如果失敗了，就裝聾作啞、視若無睹。讓我們看看，在她夢中，是否也能看到同樣跡象。她時常夢見自己一個人獨處。她是個被寵壞的孩子，她的夢意指：「我必須

受人照顧。讓我孤零零一個人是很不安全的。別人會欺負我、攻擊我。」

另外一個她常常做的夢，是她的脈搏停止了。那夢的意思是說：「小心！你有喪失某種東西的危險！」她不願意自己失掉任何東西，尤其不願意失掉控制別人的力量，可是她只選擇了一件事──脈搏停止──來代表這全部。

這個例子還可以說明，夢如何創造出感覺來加強生活風格。她的脈搏並沒有停止，但是她夢見它停止了，這種感覺便留了下來。

她還有一個比較長的夢，更能幫助我們認識她的態度──

「我到一個游泳池去游泳，那裡有許多人，」她說，「有些人注意到我站在他們的頭頂上。我感到有人尖叫出聲，並緊盯著我。我搖搖欲墜，似乎有摔下來的危險。」

如果我們是雕刻師，我們就會這樣子刻畫她：站在別人頭上，把別人當做踏板。這是她的生活風格，也是她喜歡引起的感覺。但是，她發現她的地位並不安穩，以為別人也會體會到她的危險，並認為他們應當小心的看顧著她，這樣她才能繼續站在他們頭上。

這是她的生活的全部故事。她已經訂下了她的目標：「儘管我是個女孩子，我還是要當男人！」她像

大部分小兒子一樣的野心勃勃，但是她要的是表面上的優越，而不是要使自己獲得適當的處境。所以她也始終生活在恐懼失敗的威脅之下。

如果我們要幫助她，應該要找出方法，來使她安分守己地扮演自己的角色，消除她對異性的恐懼和高估，並以平等而友善的態度來對待其同伴。

＊十三歲女孩的憂慮

另外一個女孩子，當她十三歲時，她的弟弟在一次意外事件中過世了。她說她的最初記憶是：

「我弟弟開始學走路的時候，他抓住一把椅子想站好，椅子倒了，壓在他的身上。」

這又是一次意外事故，我們可以看出，她是深刻的感到這世界中的種種危險。

「我最常做的夢，」她說，「是非常奇怪的。我時常單獨一個人在街上走著，街上有一個我看不到的大洞，往前走時，我就掉進洞裡，洞裡充滿了水，一碰到水，我就打個冷顫。醒過來後，心臟跳得很厲害。」

我們了解，這個夢並不如她所想像那麼奇怪，如果她繼續受到驚嚇，她必定會依舊以為它是神秘難解的。這個夢告訴她：「小心！你有許多你所不知道的危險！」但是，它的意思還不僅止於此。如果她的地

位卑微，就不可能再摔下來。如果她有摔下的危險，她一定覺得自己高人一等。

因此，在這個案例裡，她似乎還說著：「我超越別人之上，但是我必須小心，以免跌下來！」

＊樂於合作的精神

在另一個例子中，我們將看到，同樣的生活風格，是否會在最初記憶和夢中發生作用。

有個女孩子告訴我們：「我很喜歡看人家建造房子。」我們猜測，她是很合作的。一個小女孩當然不能參加蓋房子的工作，但是從她的興趣中，可以看出她喜歡分擔別人的工作。

「那時，我是個小娃娃，站在一扇很高的玻璃窗前，那些窗子的玻璃方格，仍然像剛見過一樣的歷歷在目。」

如果她注意到窗子很高，她在心目中必然已經有高和矮的對比關係。她的意思是：「窗子很大，而我很小。」事實正如我們所料，她的個子很小，所以她才會對大小的比例這麼感興趣。她說她這麼清楚的記得這件事，也是一種誇口而已。

現在，讓我們討論她的夢：「我跟好幾個人一起坐在一輛汽車裡。」正如我們想像的，她很合作，喜歡和別人在一起。

「我們開車疾馳，一直開到叢林前面才停下來。大家都下車，跑到樹林裡面去。他們大都長得比我高大。」她又再次注意到大小高矮之別。

「我們跑去搭電梯，它開進了一個十人深的礦坑裡面。我想，如果我們走不出去，我們一定會瓦斯中毒。」大部分人都會畏懼某種危險，人類並不是十分勇敢的。

「後來，我們很安全的出去了。」你可以看到這種樂觀的態度。一個人如果是合作的，他必然也是勇敢、樂觀的。

「我們在那裡逗留了幾分鐘，然後再上來，很快的跑向汽車。」

我相信這個女孩子始終是樂於合作的，但是她卻希望自己再長得高大一點。我們可能發現她有某種緊張，例如要踮起腳尖走路等等，但是她對群體的喜愛，和對共同成就的興趣，已經足以使之消逝於無形了。

第六章

家庭對人生的影響

從出生之日起，嬰孩就想把自己和母親聯繫在一起。這是他各種動作的目標。在最初幾個月中，母親在他的生活裡，扮演了最重要的角色，他幾乎是完全依賴於她。他合作的能力，就是在這種情境裡最先發展出來的。

*母親──孩子通往社會的橋樑

　　從出生之日起，嬰孩就想把自己和母親聯繫在一起。這是他各種動作的目標。在最初幾個月中，母親在他的生活裡，扮演了最重要的角色，他幾乎是完全依賴於她。他合作的能力，就是在這種情境裡最先發展出來的。

　　母親是嬰孩第一個接觸到的人，也是除了自身以外，最先使他感興趣的人。她是他通往社會生活的第一座橋樑，一個完全不能和母親（或另外某個代替母親地位的人）發生聯繫的嬰孩，必定會走上滅亡之途。

　　這種聯繫不僅非常密切，而且影響深遠，以致在往後的歲月裡，我們無法指出，他的哪些特徵，純粹是出自於遺傳的效果。每一種可能得自遺傳的傾向，都已經被他的母親修正、訓練、教育而改頭換面了。她的技巧是否優良，影響了孩子的所有潛能。

　　所謂的母親的技巧，我們指的是她與孩子合作的能力，以及她使孩子和她合作的能力。這種能力是不能用教條來傳授的。每天都會產生新的情境，其中有千萬點都需要她啟發對孩子的領悟和了解。她只有真正對孩子有興趣，而且一心一意要贏取他的情感，並保護他的利益時，才會有這種技巧。

　　在她的各種活動之中，我們都能看出她的態度。

每當她抱起娃娃，四處走動，對他喃喃而語，替他洗浴或餵他食物時，她都有使他和自己發生聯繫的機會。

如果她對這些工作訓練不夠，或缺乏興趣，她勢必會動作粗野，引起孩子的反感。如果她沒有學會怎樣幫孩子洗浴，孩子會感到洗澡是件不愉快的事情，不但不會和她產生親密的聯繫，反倒會設法逃避她。

她安置孩子上床的方式，她的一舉一動、一顰一笑，都必須非常巧妙；她照顧他或讓他獨處的技巧，也必須恰到好處。她必須考慮到他的整個環境——新鮮的空氣、房間的溫度、營養的狀況、睡眠的時間、身體的習慣以及整潔等等。在每個小地方，她都提供孩子一個喜歡她或討厭她、願意合作或拒絕合作的機會。

＊為母之道

在母道的技巧之中，並沒有什麼神秘的東西。所有的技巧都是長期訓練和培養興趣的結果。

母道的準備，在生命的早期就已經開始了。從一個女孩子對比她年幼的孩子的態度，以及對嬰兒和未來工作的興趣，就可以看出母道的第一步。

對男孩和女孩都施予同樣的教育，讓他們以為將來他們要從事完全相同的工作，這種教育方式並不可

取。

　　如果我們希望培養出很有技巧的母親，我們必須教女孩子以母道，讓她們喜歡當母親，把母親的工作視爲是一種創造性的工作，那麼在以後的生活裡，當她面臨自己所要扮演的角色時，就不會感到失望。

　　很不幸的，在我們的文化中，女性母道部分的價值，卻被視爲是微不足道的。如果人們重男輕女，如果男性的角色佔有較優越的地位，自然而然，女孩子不會喜歡她們未來的工作。沒有人會居於臣屬的地位而感到滿足的。這樣的女孩子結了婚，面臨即將擁有自己子女的時候，她們會以各式各樣的方式，來表現出她們的抗拒。

　　她們不願意、也不準備撫養孩子，不希望孩子的到來，也不覺得養育孩子是件有趣的創造性活動。這可能是我們最大的社會問題，可是卻極少有人正視它。

＊給女性合適的角色和地位

　　人類整個社會，都維繫於女性對於母道的態度。但是，幾乎在每一個地方，女性在生活中的地位都被低估，而且被認爲是次要的。即使在童年時期，男孩子也常常把家務事看做是僕役的工作，似乎他們的尊嚴，不允許他們插手幫助家務。人們經常都不把整理

家務，當做是女性的一大貢獻，卻視之為貶抑女性的一種苦役。如果女人真正能夠把家事看做是一種藝術，從中她能獲得樂趣，若能表揚她對家的付出，她就能夠使它成為比世界上任何其他職業都不遜色的工作。

反過來說，如果人們把它當做是男人不做的下賤工作，那麼女人必定會抗拒她們工作，並設法證明男女是平等的。她們應該被賦予發展自己潛能的機會。而潛能必須經由社會感才能夠發展出來，社會感會將它們導向正途，使它們在發展時，不會受到外來的限制。

只要女性的地位受到歧視，整個婚姻生活的和諧必然會毀壞無遺。認為對孩子的興趣是一種低下工作的女人，絕對無法學會要給予孩子一個好的開始，所需要的技巧、關心、了解和同情。

對自己的女性角色不滿意的女人，生活的目標會阻止她，和自己的孩子做親密的聯繫，她的目標和孩子們的目標並不一致，經常念念不忘要證明她個人的優越，為要達成這個目標，孩子便成了礙手礙腳的累贅。

如果我們研究在生活中失敗的許多個案，我們幾乎都會發現——它們是由於母親沒有適當地盡到責任。她沒有給孩子好的開始。如果母親都失敗了，如

果她們都不滿意她們的工作，對孩子也毫無興趣，那麼人類全體都將陷入了危險之地。

但是，我們卻不能認為母親是失敗的禍首。她們沒有罪，也許一位母親本身，就沒有人曾教她合作之道。也許在她的婚姻生活中是抑鬱不樂的。

良好家庭生活的發展，有各種阻礙。如果母親病了，她就算希望孩子們合作，也可能心有餘而力不足。如果她在外面上班，當她回家時，也可能已經精疲力盡。如果她經濟狀況欠佳，供給孩子的食物、衣著、居處，都可能因陋就簡。

還有，決定孩子行為的，並不是他的經驗，而是他從經驗中獲得的結論。當我們在研究問題少年的自述時，我們能夠看到，他和母親的關係中，的確有困難存在，但是在品行良好的兒童之中，我們也能夠看到同樣的困難。

在這裡，我們應該回顧個體心理學的基本觀點。特徵的發展並沒有什麼理由，可是兒童為了自己的目的，卻會利用他們的經驗來作為理由。例如，我們無法斷定，營養不良的兒童一定會變成罪犯，我們必須看他從他自己的經驗中，獲得了什麼樣的人生觀。

我們很容易了解，如果一個女人對她身為女性的角色感到不滿，她會招致許多困難和緊張。我們都知道母道的奮鬥力量。

＊母親可能犯的錯誤

　　許多研究都指出，母親保護孩子的傾向，比其他的各種傾向都要來得強烈。在動物之間（例如在老鼠和猿猴之間），母道的驅力，已經被證實較性或飢餓的驅力為強。如果它必須在上述幾種驅力之中選擇一種，最佔優勢的必定是母道的驅力。這種力量的基礎並不是性，它出自合作的目標。母親常常覺得，她的兒子是她自身的一部分。由於她的兒子，她才能和生活的整體緊密聯繫，才覺得自己是生與死的主宰。

　　在每位母親的身上，我們多多少少都可以發現到一種感覺。她認為，經由她的孩子，她已經完成了一件創作。

　　我們幾乎可以說，她覺得她是像上帝一樣的──從一無所有中創造出活著的生命。事實上，對母道的追求，就是人類對優越地位──成為神聖目標──追求的一種表現。這是一個最清楚的例子，它讓我們明白為了人類的緣故，我們怎樣以最深刻的社會感覺，把優越感目標，應用於對別人的興趣上。

　　母親當然可能誇大了兒子是她的一部分的感覺，並強迫性的利用他來實現她的優越感目標。她可能設法讓孩子完全依賴她，並控制他，使他永遠留在她身邊。

　　讓我舉一個七十歲農婦的個案為例。

她的兒子在五十歲的時候，仍然和她住在一起，而且他們兩人都同時患了急性肺炎。母親安然度過危險期，兒子送到醫院後卻死掉了。當母親知道兒子的死訊後，她說道：「我早就知道我沒法把這個孩子帶大的。」她覺得她應該照顧她孩子一輩子。從來沒打算要使他成為社會生活的一部分。

我們可以明白，當一個母親沒有設法擴展她孩子和別人的聯繫，並教導他和環境中的其他人平等合作時，她是犯了多麼嚴重的錯誤。

* 母性的三種聯繫

母親和外界的種種關係，並不是很簡單的，她和孩子的聯繫不應該過分強調。不管是為了母親，或是為了孩子，這一點都必須特別加以注意。過分強調一個問題，其他的問題都會受到忽視。

和母親發生關聯的，有她的孩子、丈夫，以及圍繞著她的整個社會生活。這三種聯繫必須給予相當的注意，她必須憑藉常識，冷靜地面對這三者。如果母親只考慮和孩子的聯繫，她難免要寵壞他們。她會使他們很難發展出獨立性，以及和別人合作的能力。

在使孩子和她成功的聯繫上之後，她的第二個工作，就是把他的興趣，擴展到父親身上。然而，如果她自己對這位父親缺乏興趣，這項工作就幾乎不可能

完成。以後，她還要使孩子的興趣，轉向環繞著他的社會生活，轉向家裡其他孩子，轉向朋友、親戚和社會上平常的人們。

因此，母親的工作是雙重的，她自己必須給予孩子，一個可信賴的人物的最初經驗，然後她必須準備將這種信任和友誼擴展開，直到它包括整個人類社會為止。

如果這位母親只專心要使孩子對她自己有興趣，以後，他會憎惡所有想使他對別人發生興趣的企圖。他總是尋求母親給他支持，對於他認為能分享母親關懷的競爭者則滿懷敵意。母親對她的丈夫或家庭中其他孩子表現出關切，都會被認為是對自己權益的剝奪。

＊戀母情結──把母親當奴僕

這個孩子會發展出一種觀點：「我的母親只屬於我，不屬於其他任何人。」現在的心理學家大都誤解了這種情況。

例如，在佛洛依德學派的戀母情結理論中，假設孩子有一種傾向，他愛戀上母親，並希望和她結婚，憎恨父親，並希望要殺死他。如果我們了解孩子的發展，這種錯誤就不可能發生。

戀母情結只產生在希望佔有母親全部注意力，並

逃避其他人的孩子身上。這種欲望與性無關。它只是一種支配母親的欲望，想要完全控制她，使她成為奴僕。只有被母親嬌寵慣了，並對其他人沒有同胞感的孩子，才會有這種欲望。

在非常少數的例子裡，始終只和母親聯繫在一起的男孩子，會把她當做解決自己愛情和婚姻問題的對象，但是會有這種態度，是因為他除了母親之外，無法找出任何人肯和他合作的，他不相信有其他的女人，能夠成為和母親一樣的臣僕。

因此，戀母情結是由於教育錯誤所造成的人工產品。我們不需假設由遺傳得來的亂倫本能，也不必想像這種態度的來源和性有什麼關聯。

＊問題兒童——被母親束縛或慣壞的孩子

一個被母親束縛在她身邊的孩子，一旦進入一個沒有她的情境，麻煩就發生了。例如，當他到學校去，或在公園裡和其他孩子一起玩時，他的目標仍然是要和他的母親聯繫在一起。不管什麼時候，他都不想和她分離，他希望永遠把媽媽帶在身邊，佔住她的思想，並使她關心自己。

他能夠用的，有許多種方法。他可能變成媽媽的心肝寶貝，永遠軟弱、撒嬌，以博得同情。他可能動不動就哭泣或生病，來表示他是多麼需要被照顧。

在另一方面，他也可能時常動怒，可能不服從母親或和她爭執，來爭取她的注意。在問題兒童之中，我們發現了各式各樣被寵壞的兒童，他們掙扎著要獲得母親的注意，並抗拒由環境而來的每一種要求。

孩子很快就會熟練的找出哪種方法，最能有效的吸引母親的注意力。被寵壞的孩子，通常都害怕單獨一個被留下，尤其是在黑暗中。他們害怕的並不是黑暗本身，他們是利用害怕來使母親跟他們更接近。

有一個這種被寵壞的孩子，在黑暗中總是哭鬧不休。一天晚上，當他的媽媽聽到他的哭聲時，她問他：

「你為什麼害怕呢？」

「因為很暗。」他回答道。

但是他的媽媽現在可以看破他的行為的目的了，「難道我來了之後，」她說道，「就不暗了嗎？」

＊孩子引人注意的方法──害怕

黑暗本身並不重要。他恐懼黑暗，代表著他不喜歡跟母親分開。如果這樣的孩子和母親分開了，他會運用他的所有情緒、所有的力量、所有的心智能力，來造成一種他的母親必須和他接近，並且再和他聯繫在一起的情境。

他可能用尖叫、用呼喊、用無法睡眠、或用故意

和自己過不去的其他方法，來叫她過來。教育家和心理學家最常注意到的一種方法，就是害怕。

在個體心理學中，我們不再關心著要找出害怕的原因，而是要分辨出它的目的。所有被寵壞的孩子，都會害怕某些東西。他們利用他們的害怕來吸引注意，結果就把這種情緒，構成他們生活風格的一部分。他們利用它來獲得和母親重新緊密聯繫的目標。膽小的孩子一定是被寵慣的孩子，而且他還想繼續受寵。

有時，這些被寵壞的孩子會在睡眠中大哭出聲。這是一種眾所周知的病症，但是只要睡眠被認為是和清醒相互對立的狀態，它就不可能被了解。然而，這是錯誤的，睡眠和清醒並不互相對立，它們是同一種東西的變異。

在他的夢裡，孩子行為的方式，和他清醒時大致是相同的。他想改變情境，使之符合自己利益的目標，影響了他的整個身體和心靈。在經過訓練後，他會找出達到目標最有效的方法。即使在他睡眠的思想中，和他目標符合一致的影像和記憶，也會進入他的心靈。

一個被寵壞的孩子，在幾次經驗後就會發現——如果他想再和母親一起，能夠嚇壞自己的思想是非常有用的。即使他們長大了，被寵壞的孩子仍然會保存

他們那充滿了焦慮的夢。在夢中被嚇壞，是獲得注意屢試不爽的工具，現在它已經成爲機械式的習慣。

＊孩子的把戲——對焦慮和疾病的利用

這種焦慮的利用是很普遍的，如果我們聽到哪個被寵壞的孩子，在睡覺中從來不惹麻煩，那才是怪事。吸引注意的把戲種類是非常繁多的。

有些孩子發現他們睡衣很不舒服，或吵著要喝水。其他的人會怕強盜或野獸。有些孩子除非父母坐在床邊，否則他們就無法入睡。有些會做惡夢，有些會掉下床，有些會尿床。

阿德勒治療過一個被寵壞的孩子，在夜間似乎從來不惹麻煩。她的母親說她睡得很甜，不做惡夢，沒有半夜醒來，完全沒有出過亂子。她只在白天時才惹出種種問題。這眞令人感到驚奇。他提出了許多能吸引母親注意，並使之靠近的病症，但是這個女孩子卻一樣也沒有患上。最後，他終於恍然大悟。

「她睡在哪裡？」阿德勒問她的母親。

「在我的床上。」她回答道。

對被寵慣的孩子而言，疾病是求之不得的事。因爲當他們害病時，會比往常更受到照顧。這樣的孩子經常在患過一場疾病之後不久，才顯出問題兒童的行徑。乍見之下，彷彿是這場病把他造成問題兒童的。

其實這是因為他在痊癒之後，還記得自己患病時，受到的加倍寵愛之故。是因為母親不再像當時那麼待他了，因此，他便以製造問題來報復。

有時候，一個孩子會注意到另一個孩子是如何患病，而成為眾人注意焦點的，所以他希望自己害病，甚至會親吻病童，希望自己感染到他的病。

有一個女孩子曾經住院四年，並且非常受到醫生和護士們的寵愛。當她剛出院回到家時，她的雙親也很寵愛她，但是經過幾個禮拜之後，他們的關懷便降低了。如果她要求某件東西而不能如願時，她會把指頭放進嘴裡，說：「我還住在醫院裡呢！」她提醒別人，她曾經患過病，並且想要再回復到讓她隨心所欲的環境。

在成人中，我們也能看到同樣的行為。他們常常喜歡談他們的疾病或動過的手術。在另外一方面，有時候曾經讓父母大傷腦筋的孩子，在一場疾病之後，會恢復正常，不再騷擾他們。

我們已經說過，身體的缺陷是孩子的一種額外負擔，但是我們也說過，它們並不足以解釋性格上的不良特徵。因此，我們不免要懷疑，身體障礙的消失，是否對這種改變有所影響？

有一個在家中排行第二的男孩子，他說謊、偷竊、逃學、殘忍、不服從，惹出很多麻煩，他的老師

對他束手無策，因此主張應該送他進感化院。正在這時，這個孩子病倒了。他的臀部患了結核症，結果在石膏床上躺了半年。當他病癒後，變成了家中最乖的孩子。

不是因為疾病，而是因為他看清了他以往的錯誤。以前，他一直認為父母偏愛著他的哥哥，並覺得自己受到忽視。在患病期間，他發現自己是眾人注意的焦點，每一個人都照顧他，幫助他，因此，他徹徹底底放棄了別人總是忽視他的觀念。

＊孤兒容易成為生活的失敗者

如果以為，要補救母親們經常造成的錯誤，最好的方法就是不要讓她們照顧孩子，並且把孩子送進幼兒院，這種想法實在太可笑了。

如果我們要找一個代理母親的人，要找到的就是能夠扮演母親角色的人 —— 她自己本身一定要像母親一樣，對孩子們感到興趣。這樣還不如訓練孩子自己的母親來容易些。

在孤兒院長大的兒童，經常對別人缺乏興趣，因為沒有人能在這些孩子和其他人之間，架起人際關係的橋樑。以前，曾經有人對一些在孤兒院長大、發展不十分良好的兒童作過一項實驗。他們找了許多護士和修女，給予這些兒童個別照顧，或把它們安置在私

人家庭裡，讓家中的母親像對待自己孩子一般對待他們。

結果顯示，只要保姆選擇恰當，他們的情況都會有明顯的進步。養育這種孩子最好的方法，是幫他們找出代替母親或父親的人，過平常的家庭生活。因此，如果把孩子從父母身旁帶開，我們的當務之急，也是幫他尋找能夠執行父母工作的人。有許多失敗者都曾是孤兒、私生子、被遺棄的孩子，以及婚姻破裂留下的孩子，由這件事可以看出，母親的溫暖照顧是多麼重要。

大家都知道，繼母是難當的。因為前妻留下的孩子常會反抗她們。然而這個問題並非無法解決。我們也曾經看過很多人，成功的解決了這個問題。但是大多數婦女都不了解這種情境。

在母親死掉之後，孩子可能會轉向父親，並受到他的寵愛。但是父親再娶，他會覺得父親的關懷被剝奪了，因而攻擊他的繼母。

如果她覺得她必須反擊，那麼孩子可就真的慘了。她可能轉向他們挑戰，可孩子的反抗會更加厲害。和孩子的爭執必然是場持久戰，孩子絕不會在爭執中得勝或失敗而妥協。

在這些爭執中，最軟弱的方法才是最有效的。如果我們都能體會到，合作和愛情是絕對無法用武力獲

得的，那麼在這個世界中，一定可以避免掉無數的緊張和無用的努力。

＊破裂婚姻給孩子造成障礙

在家庭生活中，父親的地位和母親的地位同等重要。最初，他和孩子的關係比較不親密，他的影響也是較晚才發生效果。

我們已經說過，如果母親不能幫助孩子，把興趣擴展到父親身上，可能會造成孩子在社會感覺的發展上，遭受到嚴重的阻撓。

婚姻不美滿的情境，對孩子而言，也是充滿危險的。孩子的母親可能覺得，自己的力量不足以把父親留在家裡，因此她希望完完全全的保有她的孩子。也許父母親雙方都會為他們私人的利益，而把孩子當做爭執的焦點。他們都希望孩子依附自己，愛自己更甚於愛對方。

如果孩子們發現了雙親之間的衝突，他們可能很技巧的讓雙親來爭奪他們。結果在父、母之間就產生了一種競爭，看誰最善於管理孩子，或誰較寵愛他們。在這種氣氛包圍下的兒童，是不可能訓練出合作之道的。他最先感受到其他人之間的合作，就是父親和母親的不合作，他們也難以教會孩子如何合作。

而且，兒童對婚姻和異性伴侶最初的概念，都是

從他們父母的婚姻中得來的。在不美滿的婚姻下長大的兒童，除非他們最初的印象被糾正過來，否則他們對婚姻都會有悲觀的看法。即使是在成年之後，他們也會覺得婚姻是注定要成為不幸的。他們設法避開異性，要不然就認定他們對異性的追求，不會獲得成功。

因此，如果雙親的婚姻不是和諧的，那麼孩子一定會遭受重大的障礙。婚姻的意義，是兩個人共同結合，以謀求他們相互間的幸福、他們的孩子的幸福以及社會的幸福。如果它在任何一方面失敗了，它就無法和生活的要求協調一致。

＊家庭中不應有權威

因為婚姻是伴侶式的結合，所以兩個人都不應該想統治對方。這一點值得詳加討論，不能只當做老生常談。

在家庭生活之中，並不需要運用權威，如果其中有一個成員特別突出，或比別人更受重視，那一定非常不幸。

如果父親脾氣非常暴躁，而且想駕馭家庭的其他分子，則男孩對男性應有的作風，會培養出錯誤的觀點。女孩子更會深受其害 —— 在以後的生活中，她們會把男人想像成暴君，婚姻則會被看做是一種奴役關

係或臣屬關係。

有時候，她們會以性別倒錯的方式，企圖避開異性。如果母親較富於權威性，整天對家裡的其他人嘮叨，這種情勢會倒轉過來。女孩子們就會模仿她，變得刻薄而好挑剔。男孩子則始終站在防禦的地位，怕受批評，儘量找機會表現他們的恭順拘謹。

有時候，不僅母親是暴君，姊姊、姑姑都會加入管束他的陣營。結果，他變得保守、畏縮不前，不敢參加社交活動。他怕所有的女性都有這種嘮嘮叨叨、吹毛求疵的毛病，因此他希望對全體女性一律敬而遠之。

沒有人喜歡受批評，但是如果一個人把逃避批評作為生活的重心，那他跟社會的各種關係，都會受到干擾。他看每件事情的時候，都會遵循他的感覺表來加以推斷：「我是征服者，還是被征服者？」這些人把和別人的關係，當做是決定勝負的場所，他們自然不會知道友情是什麼。

＊為父之道

父親的任務，可以用幾句話來作一說明——

他必須證明他自己對妻子、兒女以及對社會都是一個好伴侶。

他必須用良好的方式，應付生活中的三個問

題——職業、友誼和愛情。

他必須以平等的立場和妻子合作，來照應並保護他們的家庭。

他不應忘記——婦女在家庭生活中所佔的創造性地位，是不容貶低的。他的責任不是貶低妻子，而是和她一起工作。尤其是在金錢方面，我們應該特別強調，即使經濟來源是由他供給的，它仍然是件共有的事物。他絕不應表現得好像他在施捨，其他人則在接受。

在理想的婚姻中，男主人供給金錢，只不過是家庭中分工合作的結果而已。有許多父親利用他們的經濟地位，作為控制家庭的方法。

在家庭中不能有統治者，每一個能造成不平等感覺的機會，都應該設法避免。每一位父親都應察覺到，我們的文化過分強調了男性的優越地位，結果他的妻子在和他結婚之後，便深怕自己會受到貶低，而被置於卑下的地位。

他必須知道，不能只因為他的妻子是女性，不會像他一樣的賺錢養家，就以為妻子不如自己。無論妻子對支持家庭的經濟，是否出過一臂之力，如果家庭生活是真正和諧的，那麼誰賺錢或誰應該負擔家庭，都不能成為問題。

父親對孩子的影響非常之大。許多兒童在一生之

中，都把他們的父親當做偶像崇拜，另外有些則視之
為最大的仇敵。

* 「告訴爸爸」——錯誤的懲罰方式

處罰，尤其是體罰，對孩子總是有害的。不能以
友善的方式進行的教育，就是錯誤的教育。非常不幸
的是，在家庭中懲罰兒童的責任，經常落到父親頭
上。

我們說它不幸，有幾個原因——

第一， 它使母親有一個信念，以為婦女不能真正
的教育她們的子女，以為她們是需要強有力的臂膀來
幫忙的軟弱者。如果母親告訴孩子：「等你爸爸回來
教訓你！」等於是暗示他們，把父親看做最後的權威
及生活中的實權人物。

第二， 它破壞了父子之間的關係，讓孩子們懼怕
父親，而不覺得他是可親的朋友。

也許有些婦女怕一旦她們自己掌握懲罰之責，就
會失掉孩子們的情感，但要解決這個問題，並不能把
懲罰之責推卸給父親。孩子不會因為她召來一名懲罰
的執行者，而對她比較不心懷怨恨。許多婦女仍然利
用「告訴爸爸」，作為強迫孩子服從的手段，這些孩
子對男性在生活中的地位，會作何感想？

如果父親是以積極的方式，應付生活的三個問

題，他會成為家庭的中堅，他是個好丈夫，也是個好爸爸。他容易與人相處，能夠結交朋友。

如果他結交了朋友，他已經使他的家庭，成為他四周社會生活的一部分。他不離群索居，也不受傳統觀念的束縛。家庭之外的影響力，能夠進入家庭中，而他也能以身作則地，教給孩子社會感覺和合作之道。

就算丈夫和妻子各有不同的朋友，也沒有什麼關係。但是他們都應該有相同的社交生活，並避免因友誼問題而鬧得貌合神離。

當然，也並不是說他們應當朝夕相處、寸步不離，而是他們在彼此共處的時候，應該不感到有什麼困難。例如，如果丈夫不願意把妻子，介紹給他的朋友圈子，這種困難就發生了。在這種情況下，他社會生活的中心，便是在家庭之外。在孩子們發展的過程之中，有一件非常有價值的事，就是讓他們學會家庭是大社會的一個單位，在家庭之外，還有許多值得信賴的人們和朋友。

＊夫妻和他們的父母

如果父親和他自己的父母、兄弟、姊妹都相處得非常好，他的合作能力便有了很利的前兆。當然，他總得離開家庭，獨自成家立業，但是這並不是說，他

不喜歡家庭，或和他們的決裂。

有時候，兩個仍舊依賴父母的人結了婚，他們會過分重視他們和原來家庭之間的聯繫，當他們提到「家」時，他們指的還是他們各自父母的家。如果他們認為父母仍舊是家庭的中心，就不能建立真正屬於他們自己的家庭生活。這個問題和每一個牽涉到的人的合作能力都有關係。

有時候，男方的父母善於嫉妒，想要知道他們兒子生活的每一個細節，並給新家庭添加種種麻煩。妻子覺得自己不受尊重，並對公公婆婆的多管閒事，感到惱怒之極。這種情況尤其在男方不顧父母的反對而結婚時，最容易發生。他的父母可能錯了，也可能是對的。如果他們對兒子的婚事不滿意，在結婚之前，他們可以表示反對，但是既然結婚了，那就只有一條路可以走——應該盡其所能，促成婚姻美滿。

如果門戶不相當的情形無法避免，丈夫應該了解其中的困難，不必因此感到煩惱。他應把父母的反對，看做是屬於父母的錯誤，而盡力證明自己的看法正確。

夫妻並不必把自己的願望，呈請他們的父母核准，但是如果大家能彼此合作，而妻子也覺得公公婆婆確實能為他們的幸福和利益著想，那麼事情的進行顯然會順利得多。

每個人最明確地期待父親完成的行為，是他能解決職業問題。他必須接受職業訓練，必須支持自己的家庭。

　　在這方面，他可能受到妻子的幫助，以後孩子們可能也會幫助他，但是在我們現代的文化情況下，經濟的責任主要還是落在男人肩上。要解決這個問題，他必須去工作，必須勇敢，必須了解他的職業，並知道它的利弊，必須在他的行業中和別人合作，讓別人對他有好感。不僅如此，他的態度還影響著他的孩子，準備用何種方式面對職業問題。

　　因此，他必須找出成功解決這個問題所需之道──找出能對全體人類有所貢獻的職業。但是，他是否認為自己的職業有用，倒無關緊要，重要的是工作本身必須有用。我們不必聽他的一面之詞。如果他以為自己是利己主義者，那當然是可悲之事。但是，如果他做的工作對人類共同幸福有所助益，也就無甚大礙了。

　　然後，我們要談的是愛情問題的解決，就是婚姻和幸福家庭的建造。

＊為人丈夫的條件

　　為人丈夫有一個重要條件，他必須對他的配偶深感興趣。要看出一個人是否對另一個人有興趣，是很

容易的事。如果他對她有興趣，對她喜好的東西也會感興趣，同時會把她的幸福，當做是自己必須顧及的目標。情感不僅能夠證明彼此之間有興趣，有許多種情感還能作爲夫妻之間事事和諧的明證。

他必須做爲妻子的好夥伴；他必須努力奮鬥，以讓她的生活更舒適、更富裕；他必須樂觀進取，以取悅於她。

只有夫妻雙方都認爲，他們共同的幸福高於個人利益時，才可能有眞正的合作。他們兩人對另一方的興趣，都應該比對自己的興趣來得濃厚。

在孩子們面前，丈夫不應該將他對妻子的情感，表現得太露骨。夫妻之愛不能和他們對孩子的愛相互比較，它們是完全不同的東西，彼此也不能抵消對方。

但是，如果夫妻雙方過度親密，有時候孩子們就會覺得自己的地位降低了。他們會產生嫉妒之心，並希望和父親或母親一爭長短。

此外，父親對兒子、母親對女兒解釋與性有關的事情時，除了孩子希望知道，而且發展階段也能了解的事物外，就不必一廂情願的告訴他們太多的知識。

在我們的時代，有一種傾向——想告訴孩子許多他們還無法適當掌握的性知識，結果引起了不恰當的興趣和好奇心，甚至不把性當一回事，而以稀鬆平常

的態度等閒視之。這樣子並不見得比以往隱瞞孩子，或絕口不談與性有關之事的態度來得高明。

所以，最好是先了解孩子希望知道什麼，並只回答他們正在思考的問題，不要以我們自己的標準，強迫他們接受我們認為每個人都應該知道的事情。

我們必須取得他們的信任，讓他覺得我們會和他合作，並幫他找出這個問題的解決方法。如果我們這樣做了，就絕不會錯得太過分。

還有，有些父母深怕他們的孩子，會從同伴處聽來有害的性故事，這也是杞人之憂。在合作和獨立方面訓練良好的孩子，是絕不會受到朋友談論之害的，而且孩子們在這些事情上，經常比他們的長輩還要細心。一個不準備接受錯誤觀點的孩子，自然不會受到「道聽塗說」的害處。

在我們當今社會中，男人有較多的機會，可以體驗社會生活，知道社會制度的利弊、以及他們自己國家甚至全世界的道德關係。他們的活動範圍，仍然比女性的活動範圍大。因此，在這些問題方面，父親應該作為妻子和孩子的顧問。他不能利用他較多的經驗，而過分誇大其詞。他不是家庭教師，他應該用像朋友互相勸告一樣勸導他們，並且要避免惹起反感。如果他們同意了他的看法，也不要得意忘形。如果他的妻子沒有受過良好的合作訓練，而反對他的主張，

他也不必堅持自己的觀點，或想要動用權威來壓制對方，應該另找可以消除這種抗拒的方法。爭執是無法讓人心悅誠服的。

＊家庭中的金錢關係

金錢不應該被過分強調，或拿來當做爭執的題材。傳統家庭的女人通常不外出賺錢，因此他們對金錢大都比丈夫敏感。如果批評她們浪費，她們會感受到很大的傷害。金錢的事情應該在家庭的經濟能力之內，以合作的方式，妥善安排。妻子或孩子們不要運用壓力，來迫使父親付出他能力所不能負擔的金額。

從一開始，大家對家中的開支應取得妥協，以免有人覺得自己受到虐待。父親不應該認為，他可以只憑金錢來保證兒女的前途。

我曾經讀過一本美國人寫的有趣的書，其中描繪一個白手起家的人，希望子孫世代都能免於貧窮和匱乏之苦。他去找一位律師，請教應該怎麼做，才能達到這個願望。律師問他：要連續幾代富裕，才能滿足他的願望？他告訴律師，他的能力足以使十代的子孫生活優裕。

「當然，你能做到這一點，」律師說道：「但是，你可知道，你的第十代子孫每一個人身上的血統，都來自五百名以上的祖先？有五百個其他家庭都

能說他是他們的後代。這樣，他們還算不算是你的子孫？」

在這裡，我們看到了另一個例子說明，不管我們為我們的子孫做些什麼事，其實我們都是為整個社會而做的。我們無法脫開人和同類之間的聯繫。

＊ 偏愛的危險

如果在家庭中沒有權威，那麼其中一定會有真正的合作。

父親和母親必須先共同商量，有關他們孩子教育的每件事情。他們任何一個人，都不應該表示他對孩子之中的一個有特殊偏愛；這是最重要的。偏愛的危險性絕不是誇大其詞，孩子的消極，幾乎都是因為覺得另一個孩子較受偏愛所引起的。

有時候這種感覺並不見得完全正確，但是，如果父母對孩子一視同仁，這種感覺就不應有滋長的可能。如果父母重男輕女，在女孩子之間，自卑情緒的發生就幾乎無法避免。孩子是很敏感的，如果他們疑心別人較受喜愛，即使是好孩子，也可能在生活中走上完全錯誤之路。

有時候，孩子中的一個天資較為聰穎或長得較可愛，父母便很難不表示比較喜歡這個孩子。父母應該有足夠的經驗，或有足夠的技巧，來避免表示這一類

的偏好。否則天資較為優越的孩子，會使其他孩子蒙受陰影，並感到沮喪，他們會嫉妒，懷疑自己的各種才能，他們的合作能力也會受到挫折。

光說沒有這種偏好是不夠的。父母應該觀察，在他們任何一個孩子的心中，是否存有認為父母偏心的疑慮。

現在我們開始討論家庭合作另一個同等重要的部分，就是孩子之間的合作。除非孩子覺得彼此是平等的，否則人類對社會的興趣，就不會有良好的準備。除非男孩和女孩覺得彼此平等，否則兩性之間的關係，就會不斷造成重大的困難。

有許多人問：「同一個家庭中長大的孩子，差異怎麼會這麼大？」有些科學家把它解釋為遺傳不同的結果，但是我們卻認為這是一種迷信。

我們可以把兒童的成長，比喻為樹木幼苗的成長。如果一叢樹木種植在一起，事實上它們每一株都各佔有不同的情境。如果其中有一株因為較受陽光及土壤的惠澤，而長得比較快，它的發展便會影響到其他各株的成長。它遮掉了它們的陽光，它的根四外伸展，吸走了它們的營養。其他的卻營養不良、發育受阻。

一個家庭中，如果有一個成員過分跋扈，結果也是一樣的。我們說過，父親和母親都不應在家中佔有

太傑出的地位。如果父親非常成功或才能出眾，孩子們會覺得自己的成就不可能和他等量齊觀。他們會覺得洩氣，對生活的興趣也受到妨礙。因此，名門子女常常會讓父母或社會大失所望。如果父親在他的行業中很有成就，他不應在家庭中過分強調他的成功，否則孩子們的發展便會受到阻礙。

在孩子們之間，也應該注意同樣的事情。如果有個孩子一枝獨秀，他很可能奪走大部分的寵愛。對他而言，這是個躊躇滿志的得意情境，但其他的孩子卻會痛恨這種差別待遇。

要讓一個人居於人下而不心存怨懟，是不可能的事。這種傑出的孩子，會損及其他所有的人，如果說他們是在心靈缺乏潤澤的狀況下成長的，也並非言過其實。他們不會停止對優越地位的追求，因為這種追求是不可能停止的。然而，他們的追求卻會轉到其他的方向，它們可能不實際，或在社會上沒有什麼用處。

＊長子──權力欲望的幻想

個體心理學在探討孩子出生順序的利弊方面，開拓了一片非常廣闊的研究範圍。為求簡化起見，我們假設父母親之間合作良好，並盡心盡力教養子女。可是每個孩子在家庭中的排行，仍然會造成很大的差

異，而且每個孩子也因此會在完全不同的環境下成長。

我們必須再強調，就算是在同一個家庭中，兩個孩子也不會處於完全相同的情境。因此，每個孩子都會在他的生活風格中，表現出他想適應自己特殊情境所造成的結果。

每個長子都曾經驗過一段唯我獨尊的時光，當第二個孩子降生時，他便驟然要強迫自己適應另一個新的情境。長子通常都受到大量的關懷和寵愛，他習慣於成為家庭的中心。突然，在毫無準備的情況下，他發現了自己被趕下了王座。另一個孩子出生了，他再也不能唯我獨尊了。

現在，他必須和另一個對手，分享父母親的關懷。這種改變會留下重大的影響。我們經常發現，問題兒童、精神病患者、罪犯、酗酒者、墮落者這些人的困難，多是在這種環境之下開始的。他們大多是對另一個孩子的降臨，感受到深刻的困擾，這種感覺造就了他們的整個生活風格。

其他的孩子也可能在同樣的情況下，喪失其地位，但是他們的感受可能不會如此強烈。他們已經有過和其他孩子合作的經驗，他們未曾獨佔照顧和關懷。

但對長子而言，這卻是截然不同的轉變。如果他

確實因為新娃娃的到來而遭受冷落，我們就無法期望他會心平氣和的接受這種情境。如果他憤恨不平，我們也不能怪罪他。當然，如果他的父母曾讓他對他們的關愛懷有信心，如果他知道他的地位穩如泰山，最重要的，如果他已經準備要迎接新娃娃的降臨，並學會怎樣幫忙照顧弟妹，那麼，這場危機便會不留惡果的消失於無形。

但通常，他都沒有做好這種準備。新生娃娃真的奪去了他原來享有的照顧和讚賞，他開始想把母親拉回自己身邊，並考慮怎做才能重新獲得別人的注意。

有時候，我們會看到母親在兩個孩子之間游移不定，他們兩個都想比對方更佔有她的注意力。年紀較長的一個比較會豪奪強取，並想出新策略。我們可以推算他在這種環境之下，會做出什麼事來。如果我們處在他的環境中，追求著他的目標，我們所做的事和他毫無兩樣的。我們會找母親的麻煩，對她反抗，並表現出一些她無法忽視的惡行劣跡。他也會這樣做的。

結果他把母親弄得不耐煩，他以最粗野的方式，運用各種可能的方法，拼命掙扎。他的母親卻因為他惹出的麻煩，而對他心灰意懶。

現在他可真正嘗到不再受人愛的滋味了。他為要得到母親的愛而爭戰，結果卻真的失去了它。他原本

只是覺得自己被冷落一旁，現在他的行為卻真的使他被冷落到一旁。他覺得自己理由充足得很，「我知道的，」他想，「大家都錯了，只有我是對的。」他像是掉在陷阱裡，愈掙扎，陷進錯誤愈深。但每件事都證明他的想法正確，他怎麼肯放棄這種爭戰呢？

如果看到這種爭戰的個案，我們必須研究其個別的環境。如果母親也對他反擊，孩子會變得脾氣暴躁、動作粗野、吹毛求疵和不服從。當他背離母親時，父親經常會給他一個恢復舊日受寵地位的機會，他會變得對父親感興趣，想要贏得他的情感和注意。年紀最大的孩子，通常都會比較喜歡父親，和他站在一起。

只要看到孩子較喜愛父親，我們就能斷定，這已經是下一級的階段了。起先，他依附著母親，現在她已經失掉了他的情感，他將之轉移給父親，以作為譴責她的一種手段。如果孩子偏愛父親，我們就知道他以前曾經遭受過一場悲劇。他覺得自己被棄置不顧，對這件事，他無法忘卻，而他的整個生活風格，也建造在這種感覺之上。

這種爭戰相當持久，有時它能持續一生。孩子學會了爭戰和堅持，他在各種情境中，都會繼續爭戰下去。也許他找不到趣味相投的人，結果他會感到絕望，認為再也無法贏得別人的情感。

在他身上，我們會發現脾氣乖張、保守畏縮、不能和人坦誠合作等特徵。這種孩子把自己訓練成遺世獨立。他的所有動作和表現，都指向過去那段他是眾人注意焦點的時光。因此，年紀最大的孩子，經常會在不知不覺之中，表現出他對過去的興趣。他喜歡回顧過去、談論過去。他們是過去的眷戀者，對未來卻心存悲觀。

有時候，這種喪失過權力以及自己一度控制過小王國的孩子，會比其他孩子更了解權力和威勢的重要。當他們長大後，他會喜歡玩弄權勢，並過分誇張規則和紀律的重要性。對他而言，每件事情都應依法而行，而法律也不許任意更改。權力應該保持在那些給予權力者的手上。

我們不難了解，在兒童時期，像這一類的經驗，會造成強烈的保守主義的傾向。如果這種人為自己建立良好的地位，他總會懷疑別人要迎頭趕上他，把他拉下王位，並取代他的地位。

長子的地位雖然會造成特殊問題，但是如果妥善應付，就能化險為夷。如果在次子出生之前，他已經學會合作之道，那麼他便不會遭受傷害。

在長子之間，我們還會發現，有些人會發展出喜歡保護人或幫助人的性格。他們模仿著父親或母親；經常會對年幼的弟妹，扮演著父親或母親的角色，照

顧他們，教育他們，並覺得自己對他們的幸福有責任。

有時候他們還會發展出善於組織的才能。這些都是正面性的例子。然而，想要保護別人的努力，也可能擴展成希望別人仰賴自己，或想控制別人的欲望。

根據阿德勒在歐洲和美洲研究的經驗，問題兒童絕大部分都是長子，其次就是么子。極端的地位，造成了極端的問題！這真是有趣的現象！我們的教育方法，還不能成功解決長子的這種困擾。

＊次子──強而有力的競爭者

次子處於完全不同的地位，這種情境是不能和任何其他孩子互相比較的。從他出生時候起，就和另一個孩子分享父母的關懷，因此他比長子容易和別人合作。如果長子不敵視他，他的境遇是相當舒適的。關於他的地位，最顯著和長子不同之處，便是在他的童年期間，始終有一個競爭者存在。在他面前，有一個年齡和發展都遙遙領先的哥哥，他必須使出渾身解數，設法迎頭趕上。

典型的次子是很容易辨認的。他的行為就像是在參加一項比賽，就像有人比他領先一兩步，他必須加緊腳步來超過他。他時時刻刻都在劍拔弩張的狀態中。發誓要壓過他的哥哥並征服他。

《聖經》給了我們許多神奇的心理學暗示，在雅各（Jacob）的故事中，就很高明地描寫了典型的次子——

　　他希望成為第一，想取代伊索（Esau）的地位、並超越他。次子總是不甘居於人後，他努力奮鬥想要超越別人，而且經常是成功的。

　　次子通常都較長子有才能，並較為成功。此處，我們無法承認遺傳在這種發展中有任何影響。如果他很快的超越前進，那只是因為他對自己的要求較高。即便在他長大之後，離開了家庭圈子，他也經常會找一個競爭對手，他會常常拿自己和這個他認為佔有優越地位的人互相比較，並想盡各種辦法要超越他。

　　我們不僅在清醒時的生活裡，可以看到這些特徵，在人格的各種表現裡，都留有它們的痕跡，在夢裡也很容易發現它們。

　　例如，長子常常會做從高處跌下的夢。他們站在巔峰的地位，但是卻不能保持這種優越。

　　另一方面，次子經常會夢見自己在參加競賽。或是跟在大車後面跑，或是騎著腳踏車和人賽跑。有時候，個人在夢中的這種緊張和匆忙，能夠讓我們猜測到他是次子還是長子。

　　但是，我們必須強調，事實上規則並不是這麼固定的。作風像長子的，並不僅限於長子一人。我們必

須考慮的，是整個情境，而不只是出生的順序。

在大家庭裡，較晚生的孩子，有時也會處於長子的地位。例如，連續生了兩個孩子之後，隔了很長一段時間才生下老三，之後又緊跟著來了兩個孩子，這樣，老三就可能具有長子的全部特性。

次子也是這樣。第四或第五個孩子降生後，也可能顯得像典型的次子。兩個一起長大的孩子，只要年齡相距很近，而跟其他的孩子又相差很遠，那麼他們便會發展出長子和次子的各種特徵。

＊男孩和女孩間的緊張關係

有時候，長子在這場比賽中被擊敗了，那麼你會看到長子發生了問題。有時候，他能夠保住他的地位，並壓抑弟弟或妹妹，那麼惹出麻煩的便是次子。如果長子是男孩，次子是女孩，長子的處境會非常困難。他等於承受了被女孩擊敗的危險，這在我們目前的情況下，很可能被他視為一種嚴重的侮辱。

在一個男孩和女孩之間的緊張，比兩個男孩或兩個女孩之間的緊張為高。在這種爭執中，女孩子較受上天的眷顧。到了十六歲，她在身體和心靈方面都發展得比男孩子快。結果她的哥哥放棄了爭執，變得心灰意懶。他會運用惡作劇，甚至不擇手段來攻擊對方，例如吹牛或撒謊。

我們幾乎可以保證：在這種情況下，贏的總是女孩子。我們會看到男孩子用了各種錯誤的途徑，可是女孩子卻輕而易舉的解決了她的問題，並一帆風順向前邁進。

這種困難是可以避免的。但是卻要事先知道危險所在，並採取防範步驟。在家庭中，各成員都應該平等合作、團結一致；家中沒有敵對的感覺，也不會讓孩子覺得他有敵人，並花費時間與他抗爭，這樣，才能避免掉不良的後果。

＊么子──征服者或失敗者

其他的孩子都有弟弟或妹妹，其他的孩子的地位都可能受到威脅，只有么子是例外。他沒有弟妹，卻有許多競爭者。他一直是家裡的娃娃，而且也可能是最受寵愛的。他面臨的是被寵壞的孩子特有的困難，但是，由於他所受的刺激很多，有許多競爭的機會，經常么子會以超乎尋常的方式發展，他跑得比其他的孩子更快，並超過他們。

在人類的歷史中，么子的地位一直不能改變。在人類最古老的故事裡，就已經有么子如何超越兄姊的記載。

在《聖經》裡，征服者總是最小的孩子。約瑟夫（Joseph）被當做最小的孩子撫養長大。約瑟夫出生

之後十七年，班哲明（Benjamin）出生了，但是班哲明對他的發展卻沒有任何影響。約瑟夫的生活風格，完全是么子的生活風格。他始終肯定著自己的優越，甚至在夢中也是這樣。別人必須向他低頭，他的光輝淹沒了他們。

他的兄弟們都很了解他的夢。對他們而言，這件事並不難，因為他們跟約瑟夫朝夕相處，對他的態度也都一清二楚。約瑟夫在夢中所引起的感覺，他們也都感受到了。他們怕他，並且要避開他。但是，約瑟夫還是從最後變成了第一。

在以後的日子裡，他成了家裡的棟樑，這事並非偶然。人們都知道這一點，並編了許多有關么子力量的故事。

事實上，他是處在一個相當有利的情境中：父親、母親、兄姊，都會幫助他；還有許多事物可以激發他的野心和努力，同時又沒有人從後面攻擊他，或分散他的注意力。

可是，我們說過，第二大比例的問題兒童來自么子，這種現象的原因，通常都在於整個家庭寵慣他們的方式。被寵壞的孩子絕對無法自立，他喪失了憑自己力量獲得成功的勇氣。

么子都是野心勃勃的，但是大多數富有野心的孩子，都是懶惰的孩子。懶惰是野心再加上勇氣喪失所

得的結果。野心高得使人看不出有實現的希望時，自然會令人心灰意懶。

有時候，么子不肯承認他有什麼野心，但這是因為他希望在每一方面超過別人，他希望不受拘束、唯我獨尊。從么子可能感受到的自卑感看來，這一點也很容易了解。環境中的每一個人都比他年長、比他強壯、比他經驗豐富，他當然會常常自嘆不如。

* 獨子的「戀母情結」

獨生子女也有屬於他自己的問題。他有一個對手，但是他的對手並不是哥哥或姊姊。他競爭的感覺針對著他的父親。母親總是特別寵愛獨生子，她怕失掉他，想要將他置於自己的羽翼之下。

結果，他養成了所謂的「戀母情結」，終日繫在母親的圍裙帶上，並想把父親逐出家庭的圈子之外。

如果父親和母親協力合作，讓孩子對他們兩人都感興趣，這種情形也是可以避免的，但是大部分的父親對孩子的關心不如母親。長子和獨子常常是非常相似的，他們想要征服父親，他們喜歡年紀比自己大的人。

獨子經常害怕自己會有弟弟或妹妹。朋友常常會說：「你該有個小弟弟或小妹妹了！」他對這種預言卻深惡痛絕。他要永遠作為眾人注意的中心，他真的

覺得這是他的權利，如果地位受到挑戰，他會認為那是不公平的事。

在之後的生活中，只要他不再是大家注意的中心，他就會發生種種困難。

另一種可能妨礙他發展的危險，是他降生在小心翼翼的環境中。如果他的父母由於身體上的原因不能夠再生育了，那麼我們應該做的唯一事情，就是盡力幫他解決獨子可能會遭遇到的問題。

但是，在可能生育更多孩子的家庭中，我們也經常發現獨子。這種父母過分膽小和悲觀，他們覺得他們無法解決孩子太多所造成的經濟負擔。家庭中的氣氛充滿了焦慮，孩子也受到不良影響。

如果孩子們出生的時間相隔太遠，每個孩子就都會有部分獨子的性格。這種情形並不很理想。

時常有人問，「家庭中孩子的年齡，最好應相差多少？孩子應該緊接著出生，還是應該間隔較長的時間？」

根據我們的經驗，理想的間隔是大約三年。在三歲的年齡，如果較小的孩子出生了，也能表現出合作行為。他的智力已經足以了解，在家庭中可以不只有一個孩子。如果他只有一歲半或兩歲，我們無法和他討論，他也無法瞭解我們的道理。因此，我們不能讓他預備即將到來的事情。

＊女性化的男孩

在全部都是女孩子的家庭中長大的唯一男孩，也會面臨一段艱苦的時光。他處在全是女性的環境中，父親大部分的時間都不在家，他舉目所見，只有母親、姊妹。由於覺得自己與眾不同，他會在孤獨中成長。尤其是「女生們」一起聯合起來對付他時，更是這樣。她們覺得必須一起教育他，或者想要證明他沒有什麼值得驕傲的。因此，便造成了大量的抗拒和敵意。

如果他正好排在中間，他可能站在最糟糕的位置──他會腹背受敵。如果他是長子，他就有被女性競爭對手緊跟不放的危險。如果他是最小的孩子，他可能被養成一個玩物。

在女孩子中間長大的男孩，都是屬於不太討人喜歡的類型。如果他能參加社交活動，和其他男孩子們交往，那麼這個問題便能獲得解決。否則在女孩子的環繞之下，他的作風也會有女性化的味道。

純粹女性的環境，和男女混合的環境是完全不同的。如果有間公寓，可以讓居住的人隨意佈置，我們可以斷言，如果住的人是女性，這間公寓一定整整齊齊、有條不紊，它的色彩經過特別選擇，各處細微末節也都受到注意。如果是男性住在其中，它大概就不會這麼整潔了，其中可能充滿紊亂、喧鬧和破舊的家

具。在女孩群中長大的男孩，會帶有類似女性氣質，並對生活有女性的看法。

相反，他也可能強烈的反抗這種氣氛，且非常重視自己的男性氣息。如果這樣，他會時時防衛自己，免得受到女性的駕馭。他會覺得，必須肯定自己的不凡和優越，因此他會時刻感到緊張。他會往極端的方向發展，如果不是變得非常強壯，就是非常軟弱。這是一種值得研究和探討的情況，它不是時刻都有的，在我們作進一步討論之前，我們必須研究更多的個案。

同樣的，在男孩子中長大的女孩，也很容易發展出極端女性化或極端男性化的氣質。在生活中，她經常會覺得受到不安全感和孤立無助的威脅。

每當我們研究成人的時候，都會發現他們在兒童早期留下的印象，是不可磨滅的。家庭中的地位，在生活風格上留下了抹不去的印記。發展中所遇的種種困難，都是由家庭中的敵意和缺乏合作所引起的。

如果環視我們的社會生活，並問為什麼敵對和競爭是它最顯著的一面——事實上不僅我們的社會生活，整個世界都是如此——那麼我們就能認識到，人類都是在追求著想要成為征服者、想要超越並壓垮別人的目標。這種目標是早期訓練的結果，也是覺得自己在家庭中，沒有受到平等待遇的兒童，努力奮鬥、

拼命競爭的結果。我們要避免這一類的負面影響，唯一的方法，就是給予兒童更多的合作訓練。

第七章

學校如何影響一個人

學校是家庭的自然延伸。

如果父母能夠負起對孩子的教育責任，

讓他們能夠合適地解決生活的各種問題，

那麼就沒有學校教育的必要了。

＊「性格教育」的目的

學校是家庭的自然延伸。

如果父母能夠負起對孩子的教育責任，讓他們能夠合適地解決生活的各種問題，那麼就沒有學校教育的必要了。

在某些文化裡，經常有讓孩子完全在家中受訓練的情形。工匠會教他的兒子完成教育，他會把他的技巧，和自己在實際經驗中學到的本領，傳授給他們。但是，我們當今的文化，卻對我們做更為複雜的要求。

因此，我們需要學校來減輕父母的負擔，並繼續他們未完的工作。社會生活需要它的成員，接受比他們在家庭中所能受到的更為高級的教育。

美國的學校並不像歐洲學校那樣，經過許多不同的發展階段，但我們還是經常能看到權威式傳統的遺跡。在歐洲教育的歷史裡，最先只有王子和貴族的子弟才能受教育，他們是社會中唯一有價值的一群；其他的人一定要安分守己，默默無聞過一輩子。以後，社會的限制更多了，教育由宗教機構進行，只有少數經過特權的人，才能學習宗教、藝術、科學和專業訓練。

當工業技術開始發展以後，教育的形式就完全改變了。大家都致力於教育的普及，在鄉下小鎮中，教

師經常由皮匠和裁縫師來擔任。他們教導孩子的時候，手裡總離不開教鞭，教出來的結果也貧乏的可憐。以前，只有宗教學校和大學才教授藝術，有時候甚至皇帝都是不學無術的。現在卻變得連工人都要會讀、會寫，並懂得做加減法。公共教育也從此奠定了基礎。

但是，這些學校都是遵照政府的政策設立的。當時政府的目的，都在於培養出順從的民眾，訓練他們維護上層社會的利益，並能夠隨時當兵作戰。學校的課程都指向這個目標。

慢慢的，這類教育的缺點暴露出來了。自由的思想開始萌芽，工人階級逐漸茁壯，他們的要求也逐漸增多。公共學校接受了他們的要求，現在流行的教育理想是，應該教兒童多為自己著想，給他們有熟悉文學、藝術和科學的機會，讓他們分享全部的人類文明，並對它有貢獻。

我們不再希望只訓練孩子賺錢，或在工業制度之中謀取一席之地。我們要的是同胞骨肉，是在文化的共同工作中，平等、獨立而且負責的夥伴。

不管他們是有意還是無意，所有建議要改革學校的人，都在尋求能夠在社會生活中，增加合作程度的方法。

例如，性格教育（character-education）的目的就

在這裡。按照我們對它的了解，這顯然是一種很正常的要求。但是，一般而言，這種教育的宗旨和技術，都還未被充分了解。我們必須找出一批教師，不是只為金錢而教育兒童，他們能遵照人類的福址而工作。他們必須體會到這種工作的重要，並且接受良好的訓練。性格教育仍然是在試驗階段。

我們必須把教條置之度外──在性格教育中，不作嚴格及教條的要求。然而，即使在學校裡，它的結果也不令人滿意。兒童們到學校來的時候，有些在家庭生活中已經失敗了，儘管給予訓練和鼓勵，他們的錯誤仍然不能消除。因此，除了訓練教師在學校裡了解並幫助孩子們的發展外，別無他途。

大部分的時候，阿德勒都在從事這方面的工作。他也相信，在維也納的許多學校，在這方面都遙遙領先。在別的地方，雖然也有精神病專家在檢查孩子，並提出對他們的忠告，但是，除非老師也同意、並了解如何去執行這種忠告，否則又有什麼用呢？

精神病學家一週雖然和孩子見一次或兩次──最多不過是一天一次──但他並不確實知道，從環境、家庭、家庭之外，和從學校本身等各處來的影響。他只寫張便條，說這孩子應該改善營養，或應該接受甲狀腺治療。也許他還會給老師一些暗示，說這個孩子應該接受個別輔導。但是，老師不知道這種處方的目

標，對避免錯誤也缺乏經驗。除非他自己了解孩子的性格，否則就一籌莫展。

在精神病學家和教師之間，需要有更密切的合作，教師必須知道精神病學家所知道的一切事情，這樣在討論完孩子的問題之後，他才能進行他自己的工作，而不需要更進一步的幫助。如果發生了什麼意外問題，他應該知道要做些什麼事情，正如精神病學家也會這樣做一樣。最實用的方法，可能就是阿德勒在維也納設立的那種顧問會議（Advisory Council）。這種方法會在本章最後詳細描述。

＊「問題少年」的困境

當孩子初次上學時，他面臨了社會生活的一種新考驗。這場考驗會顯現出他發展中的任何錯誤。現在，他必須在一個比以前更為廣闊的場合裡與人合作，如果他在家中受寵慣了，他很可能不願意離開那種受人保護的生活，而和別的孩子們打成一片。

因此，被寵壞的孩子在學校生活的第一天，我們就能看出他缺乏社會感覺。他可能大哭大鬧，吵著要回家。他對學校的工作和他的老師，一點都不感興趣。老師說的話也聽不進去，因為他始終都在想著自己。

我們不難預料，如果他繼續只對自己感興趣的

話，他在學校中會落於人後。經常有父母向我們述說：某個問題兒童在家中一點都不惹麻煩，可是一到學校，問題就來了。我們懷疑，這個孩子在家裡，可能覺得自己所處的情境特別舒適。在家裡，他不必接受考驗，發展中的錯誤也不會表現出來。可是一到學校之後，他不再受寵愛了，他覺這個新的情境對他是一種打擊。

有一個孩子，從他上學的第一天起，就什麼也不幹，只是嘲笑老師說的每一句話，他對學校的任何事情，都絲毫不感興趣，大家都以為他可能是低能兒童。當阿德勒看到他時，對他說：「大家都不明白，你為什麼老是譏笑學校。」

他回答說：「學校是父母搞出來的一場笑話。他們把孩子送進學校，教成傻瓜。」

他在家裡時常受人嘲弄，他相信每一個新的情境，都是要拿他開心的詭計。阿德勒告訴他，他太過分強調要維護自己的尊嚴了，並不是每個人都想愚弄他。結果，他對學校工作開始產生興趣，並有了明顯的進步。

注意兒童的困難，糾正父母的錯誤，是學校教師的工作。他們會發現，有些兒童已經準備好要接受更廣闊的社會生活，他們在家裡已經受過訓練要對別人感興趣。有的則完全沒有作好這種準備。

當一個人對某一問題沒有準備時，他就舉棋不定，或畏懼退縮。落於人後而又不是心智低能的兒童，多是在社會生活的適應問題之前猶疑不決，教師的地位最適於幫助他應付眼前的新困境。

　　但是，他要如何幫助他呢？他要做的事情，必須和母親應該做的事一樣 —— 和學生聯繫在一起，並對他發生興趣。他絕不能只用嚴厲和懲罰。如果孩子到學校後，發現自己很難跟老師或同學溝通往來，最壞的對待方法，就是批評他或責備他。這種方法只是讓他有更多的藉口來討厭學校。

　　我們必須承認，如果我們在學校裡經常受到冷嘲熱諷，我們對老師也會敬而遠之的。我們會避開學校，想向新的情境另謀發展。

　　頑皮而難以管教的壞學生，大多數把學校視為令人不愉快的場所。時刻想逃學的孩子，他們並不是真的愚蠢，在編造不去上學的理由，或模仿家長的簽字時，他們經常會表現出很高的天分。

　　在學校之外，他們會找到志同道合的逃學孩子。從這些同伴處，他們獲得了在學校裡得不到的讚賞。能夠讓他們感到興趣，並讓他們覺得自己有價值的圈子，不是學校，而是問題少年組織。

　　在這種情境裡，我們可以看到不能被班上同學視為團體一份子的孩子，如何使自己踏上犯罪的道路。

* 培養孩子合作的興趣

如果老師想要吸引孩子的注意，他必須先了解這個孩子以前的興趣是什麼，並設法使他相信，他在這種興趣以及它種興趣上，都能獲得成功。

當孩子對某一點有自信時，要在其他方面刺激他，就容易得多。因此，從開始起，我們便應該發現孩子對世界是抱持著何種看法，最吸引其注意力而且訓練程度最高的感官，又是那一種。

有些孩子對觀看東西最感興趣，有的喜歡聆聽，有些則偏好運動。視覺型的兒童，對必須運用眼睛的學科，例如地理或繪畫等，比較容易感興趣。老師講課時，他們可能不聽，因為他們不習慣於作聽覺的注意。這種孩子如果沒有用眼睛學習的機會，他們便會趕不上別人。大家可能認為他們是能力不足或缺乏才氣，而歸罪於遺傳。

其實，老師和家長也難辭其咎，他們沒有找出使孩子發生興趣的正確方法。當然並不是要對這些孩子施以特殊教育，但是我們卻應該利用他某種高度發展的興趣，鼓勵他在其他方面也能培養興趣。

現在，學校已經施行視聽教學，把教材用可以由各種感官同時接受的方式，教給孩子。例如，把繪畫和塑像的課程合併在一起等等。這是一種值得鼓勵、並更進一步推廣的做法。

教授課程最好的方法，就是和生活的其他部分緊密連接，使孩子們能夠看出這種教導的目的，和他們所學的實用價值。也許有人會問，直接把教材傳授給孩子，和教他們自己思考，兩種方法何者更好？

　　事實上，這兩種方法是可以聯合運用的。例如，讓孩子把建造房子和數學聯繫在一起，讓他計算出需要多少木材，裡面可以住多少人等等，對他一定大有好處。有些課程很容易放在一起教，我們也可以請到許多專家，來把生活的一部分和其他部分聯繫起來。

　　例如，老師可以和學生們一起散步，找出他們最感興趣的東西是什麼。同時，他還可以教他們了解動物和植物的構成、植物的進化和利用、溼度的影響、國家的地理形狀、人類的歷史等等。當然，我們必須先要求這位老師，對他所教的學生真正感到興趣，如果不能達到這個先決條件，我們就無法期望他會以這種方式教育孩子。

　　在我們現行的教育制度下，通常我們會發現當孩子開始上學時，我們對競爭的準備，就比對合作準備更充分。

　　在學校生活中，對競爭的訓練又一直持續不斷。對孩子而言，這是一種不幸。如果他擊敗了別的孩子，遙遙領先，他的不幸並不見得比屈居人後而萬念俱灰者少。在這兩種情況下，他都會變得只對自己感

興趣。他的目標將不會是奉獻和施捨，而是奪取能供自己享用之物。正如家庭應該團結一致，各成員都是團體中平等的一分子一樣，班級也應該這樣。只有按此方向施予教育，孩子們才為真正彼此感到有興趣，並享受到合作的愉快。

許多有困難的孩子，在經過和同伴合作並分享樂趣之後，態度便完全改變了。我們可以舉一個孩子為例。他出身於一個他覺得每個人都與他為敵的家庭，他認為在學校裡，大家也會跟他作對。在學校他的功課很差，當他父母聽到這個消息之後，就在家裡「修理」他。

這種情況是經常發生的。孩子在學校裡拿了一張壞成績單，挨了老師一頓罵，回到家後又受到懲罰。這種經驗有一次就已經夠叫人喪氣了，連續兩次處罰簡直是恐怖的事。

這個孩子因此在班上調皮搗蛋，成績也始終不見起色。最後，他遇見了一位了解這種情況的老師，他向其他同學們解釋，這孩子為什麼覺得人人和他為敵，他要求大家幫助他，讓他相信他們是他的朋友。結果這孩子的行為，就有了出人意外的改善。

＊理解孩子的途徑

有時候，人們會懷疑，我們是否真正能用哪種方

式，來教孩子了解別人並幫助別人。但是根據阿德勒的經驗，孩子經常是比他們的父母更善解人意的。

有一次，一位母親帶了她兩個孩子——一個兩歲的女兒跟一個三歲的男孩，到阿德勒的看診室來。在母親不注意的時候，小女孩爬上了一張桌子。母親嚇了一大跳，她怕的動也不敢動，只是大聲叫：「下來！下來！」小女孩理都不理她。那個三歲的小男孩說道：「不准動！」女孩馬上就爬下來了。他比母親更了解她，也更知道該怎麼辦。

經常有一種說法，主張要增加班級的團結和合作，最好的辦法是讓孩子們自治。但是，這種嘗試，必須在老師的指導下，小心謹慎的進行。並且，必須先肯定他們已經具備了這種能力。否則我們會發現，孩子對他們的自治並不十分嚴肅，他們只是把它當做一種遊戲。結果他們可能比老師更嚴厲、更苛刻；有可能利用班會來爭奪權利、攻擊別人、排斥異己，或爭取優越的地位。因此，從開始起，教師就應該給予注意和勸告。

如果我們想看出一個兒童當前的心理發展、性格以及社會行為等各方面的標準，我們就要進行各種的測驗。

事實上，有時候如智力之類的測驗，也能作為幫助孩子的工具。

例如，有個孩子在學校中的成績很差，老師希望讓他留級。經過智力測驗，卻發現他其實是可以升級的。但是，我們應該了解，一個孩子未來發展限度是絕對無法預測的。智商只能夠用來幫助我們認識一個孩子的困難，讓我們找出克服它們的方法。

　　當智商顯出某人並不是真正的心智低下時，只要我們找出正確的方法，我們便能使他的智商再發生改變。只要讓孩子們玩智力測驗，熟悉它們，發現其中的奧妙，並增加實際考試的經驗，他們的智商就會有所增進。因此，智商不應該被當做是由命運或遺傳的決定，來對孩子未來的成就有所限制。

　　而且，孩子本身或他的父母，也都不應該知道他的智商。他們不知道這類的測驗的目的，錯誤地以為這是一種最後的判決。

＊不要逼孩子走上絕路

　　在教育中引起最大的困難，並不是兒童本身的各種限制，而是他自認為他具有的各種限制。如果一個孩子知道他的智商很低，他可能變得希望全無，相信成功已與他無緣。在教育裡，應該全力設法增加兒童的勇氣和信心，並幫他消除由於他對生活的錯誤解釋，而為自己能力訂下的各種限制。

　　對於學校的成績單，也應該這樣處理。當老師給

予某個學生一個很壞的成績時，他相信這是在刺激他奮發向上。

但是，如果學生的家裡對他要求很嚴，他可能就不敢把成績單帶回家。他可能塗改成績單或不敢回家。在這種情況裡，有時候孩子們甚至會自殺。

因此，教師應該考慮到這些可怕的後果。雖然他們不必負責孩子的家庭生活，以及它對孩子的影響，但是他們卻應該列入考慮範圍之內。

如果父母望子成龍之心甚切，當他把壞成績帶回家時，可能就會受到痛責。如果老師分數打得稍微寬鬆一點，兒童可能會受到鼓勵，繼續努力而獲得成功。

當孩子成績總是不理想，其他的同學也都認為，他是班上最糟糕的學生時，他自己可能也這麼想，覺得自己是無藥可救了。然而，即使是最壞的學生，也會有所進步的。在許多名人之間，我們有足夠的例子顯示出，在學校屈居人後的孩子，是能夠恢復其勇氣和信心，並創造偉大成就的。

有個很有趣的現象，就是孩子們自己並不看重成績單，但對彼此之間的能力，也會有相當精確的了解。

他們知道，在數學、書法、繪畫、體育各門裡，那一個人是最拿手的，他們也能夠區分出自己的高

下。他們最常犯的錯誤，是相信他們再也無法進步了。他看著別人遙遙領先，認為自己永遠也無法達到。如果一個孩子的這種看法非常固執，他會把它轉移到以後的生活環境中。即使是在成年後的生活裡，他也會算計他的地位和別人之間的距離，以為自己必須永遠留在這一點之後。

大部分的孩子在不同學期間，大致會保持相同的名次。他們總是會名列第一、排於中間或居於人後。它顯示出他們為自己訂下的限制、他們的樂觀程度，以及他們的活動範圍。

*不要迷信「遺傳」

大家絕不是不知道，在班上名列最後的人，應該也能改變他的地位，並作出驚人的進步。孩子們應該了解這種自我限制所犯的錯誤；老師和學生也都應該放棄，「正常兒童的進步和其天賦能力有關」的迷信。

在教育所犯的各種錯誤裡，相信遺傳能限制發展，是最糟糕的一種。它讓老師和家長們，對他們的子女的管教無方，有藉詞逃避的機會。他們可以不必為他們對兒童的影響，負任何責任。像這類想逃避責任的企圖，其實都應加以制止。

從事教育的人，如果把性格和智力的發展，全部

歸結為遺傳，那麼我們便看不出他在職業中，還能希望完成些什麼東西。反過來說，如果他看出他自己的態度和處理能夠影響孩子，他就不能以遺傳的觀點來逃避責任。

在這裡我們談的並不是身體上的遺傳。器官缺陷的遺傳是毫無疑問的。只有在個體心理學裡，才真正了解這種由遺傳而來的缺陷，對心靈發展的影響。孩子在心裡體驗到他的器官功能作用的程度；他會按照對自己能力的判斷，來限制自己的發展。

因此，如果一個孩子蒙受了器官缺陷之害，他並沒有理由認為，他在智力或性格方面也會受到限制。在前面我們已經說過，同樣的身體缺陷，可能被拿來作為更大努力，及求得更高成就的刺激，也可能被當做是注定要妨害發展的一種障礙。

最初，當阿德勒發表這個結論時，有很多人批評他是不科學的，他們指責他主張的，是和事實完全不符合的信念。然而，他的結論卻是從經驗中總結出來的，有利於它的證據也越來越多。

現在，有許多精神病學家和心理學家，也都殊途同歸地獲得了同樣的看法，認為性格中有遺傳成分的信念，只能稱為迷信而已。

這種迷信已經存在幾千年了。當人們想逃避責任，並對人類行為採取宿命論的觀點時，性格特徵

是來自遺傳理論，便自然而然的出現。它最簡單的形式，就是「人之初，性本善」或「性本惡」的想法。

這種說法顯然是站不住腳的，只有強烈地想逃避責任的人才堅持它。「善」、「惡」，像其他各種性格的表現一樣，在社會環境中才有意義。它們是在社會環境中，和同類相互關聯所得的結果，它們蘊含了一種判斷——「顧及他人的利益」，或「違反他人的利益」。

在孩子降生以前，他並沒有這一類的社會環境。出生之後，他的潛能可以使他往任何一方發展。他所選擇的途徑，決定他從環境和從自己身體所接受到的感覺和印象，以及他對這些感覺和印象的解釋。此外，它還特別受到教育的影響。

＊沮喪會埋沒天才

其它心理功能的遺傳性也都是這樣，雖然它們的證據還沒有這麼明顯。

心理功能發展中的最大因素是興趣。我們已經說過，能夠妨礙興趣的，並不是遺傳，而是沮喪或對失敗的畏懼。不用說，大腦的結構是由遺傳得來的，但是大腦只是心靈的工具，不是根源，而且，如果大腦的損傷，尚未嚴重到我們目前的知識無法挽回的地步，它也能夠接受訓練，補償缺陷。在每種極其非

凡的能力後面，我們所看到的，並不是異於尋常的遺傳，而是長期的興趣和訓練。

即使我們發現有許多家庭，一連幾代都產生出天賦甚高的人才獻身於社會，我們也不認為它是出自於遺傳的結果。我們寧可假設，這個家庭中某一分子的成功，可以刺激其他人奮發向上，而且家庭的傳統，也使得孩子們在耳濡目染中，能承繼前人的志向。

因此，比方說當我們發現大化學家萊比西（Leibig）是藥房老闆的兒子時，我們也不必想像他在化學方面的能力，是得自遺傳。我們只要知道他的環境，允許他發揮自己的興趣，在其他孩子對化學仍一無所知的年齡，他對這門學問的許多部分已經相當熟悉，這樣便已經夠了。

莫扎特的父母對音樂很感興趣，但是莫扎特的才能也不是由遺傳得來的。他的父親希望他對音樂產生興趣，所以特別鼓勵他往這個方向發展。從他幼年時代起，他的整個環境便充滿了音樂。

在傑出的人物之間，我們經常可以發現這種早期開始，他們或者在四歲便開始彈鋼琴，或者在很小的時候，就為家裡的其他人寫故事。這種興趣是持續而持久的。他們所受的訓練是自然而廣泛的。他們一直勇往直前，不猶豫，也不退縮。

如果教師自己相信發展有固定的限制，那麼他就

無法成功的除去兒童為他自己的發展訂下的限制。如果他對孩子說：「你沒有數學才能。」他的處境就輕鬆多了。可是，這樣做除了使孩子洩氣外，就毫無作用了。

阿德勒自己也有類似的經驗。他在念書時有好幾年，都是班上的數學低能兒，他也相信自己是完全缺乏數學才能。很幸運的有一天，他竟然出乎意料之外地，發現自己會做一道難倒了老師的題目！那次成功，改變了他對數學的整個態度。以往他的興趣完全沒擺在這門功課上，他開始能以它為樂，並利用每個機會來增加他的能力。結果，他在學校裡成了少數數學優勝者之一。所以，那次經驗在幫他看出特殊才能或天生能力理論的錯誤時，也是很有好處的。

即使是在人物很多的班級裡，我們也能觀察出孩子們之間的差異。如果我們了解他們的性格，一定比對他們茫然無知，更能掌握他們。

然而，班上的人數太多總是一大不利。有些孩子的問題被忽視掉了，要適當地處理他們也是很困難的事。老師應該很密切地熟知所有的學生，否則他就無法培養出興趣和合作。

＊跳級或留級的利弊

如果在幾年之間，學生們都能跟隨一個老師，我

想一定會有很大的幫助。在某些學校裡，教師每六個月就更換一次。老師沒有和學生打成一片的機會，也無法看出他們的問題或追蹤他們的發展。

如果一位老師能夠和同一群學生相處三四年，他可能更容易發現某個孩子的生活風格中的錯誤，並設法加以補救。而且要把一個班級造成一個合作的單位也容易得多。讓孩子跳班升級經常是弊多於利的。通常他會肩負許多無法達到的期望，而覺得壓力沉重。

如果某個孩子年齡比他的同班同學大，或者他發育得比班上其他孩子快，我們也許就該考慮讓他升上較高的班次。可是，如果這個班級非常地團結一致，那麼其中一分子的成功，對其他人是很有利的。

班上只要有一個光芒四射的學生，整個班級的進步就會加速進行，把其他人的這種刺激剝奪掉，並非明智之舉。因此，讓天資聰穎的學生除了班上的功課以外，再多參加其他的活動，培養其他的興趣——例如繪畫等等。他在這些活動中的成功，也會增加其他兒童的興趣，並鼓勵他們往前邁進。

如果兒童留級重讀，情況就更為不妙。

每一個老師都同意，一般來說，留級的學生不管在家庭或是在學校，都是個問題。當然他們不是全部的，有少數的留級生，也能留在原班上而不造成任何問題。但是，大多數的留級生都依然故我，他們在班

上又落後，又惹麻煩。他們的同學對他們都沒有好印象，他們對自己的能力，也存在悲觀的看法。

我們不能輕易廢除留級制度——這是現在學校制度的一大難題。有些教師利用假期，來訓練落後的兒童，讓他們認清他們在生活風格上所犯的錯誤，使他們不必再留級重讀。當他們認清錯誤後，這些孩子在第二學期起，就能順利跟上了。事實上，這是我們真正幫助落後學生的唯一方法，讓他看清他在估計自己能力時所犯的錯誤後，我們就讓他憑自己的努力前進了。

＊平等對待社會地位不同的孩子

當阿德勒觀察把學生按照程度優劣，編入不同班級的制度時，他便注意到一件特殊的事實。在程度較差的班級裡，他看到心智低下和出身貧寒的孩子混在一起。在優良的班級中，大部分的孩子都有富裕的父母。這種現象顯然是太不合理了。貧窮的家庭對孩子教育的準備不夠良好，父母們面臨了太多的困難，他們不能花太多時間來教育孩子，甚至他們本身的教育都不足以幫助孩子。

可是他不認為對上學準備不夠的孩子，就應該被放到程度較差的班級裡。訓練有素的教師，應該知道如何矯正他們的準備不夠，如果讓他們和準備良好的

孩子相處，他們必然會獲益良多。

　　如果把他們放到程度較差的班級裡，通常他們很快就會知道這件事實。優良班級的孩子也會知道，並且瞧不起他們。於是，這就很容易成為喪失勇氣、並不再追求個人優越地位的原因。

＊學校中的性問題

　　在原則上，男女合校是值得支持的。它是讓男孩子和女孩子彼此認識更清楚，並且和異性互助合作的唯一辦法。可是，相信男女合校便能解決所有問題的人，也犯了一個很大的偏誤。男女合校本身也有特殊的問題存在，除非認清了這個問題，並把它當做一個問題來處理，兩性之間的距離，反倒會因男女合校而加大。

　　比方說，困難之一是：直到十六歲之前，女孩子都會發育得比男孩快。如果男孩子不了解這點，他們便很難維持他們的自尊。他們眼見著自己被女孩子超過而自慚形穢。在以後的生活裡，他們可能會因為記著這種挫敗，而不敢和異性競爭。

　　贊成男女合校，並了解其問題所在的教師，能夠利用這種制度完成許多事情，但是如果他不完全贊同它，或是對之不感興趣，就註定要遭受失敗。

　　另外一個困擾是，如果對孩子的教育不良或監督

不周，必然會發生性的問題。在學校中，性教育的問題是非常複雜的。教室並不是施行性教育的適當場所，如果教師對整個班級講述這些東西，他根本無從知道，是否每個學生都正確無誤地了解。他可能因此而引起了他們的興趣，但是卻不知道孩子是否能夠接受它們，或如何將它們納於自己的生活風格中。

當然，如果孩子們希望多知道一些，向他提出各種問題，教師就應該給他真實而坦率的回答。這樣，他就有機會判斷孩子真正想知道的是什麼，並將他們導向正當解決之道。

但是，如果不斷地在班上討論性的問題，必定是有害的。有些孩子一定會因此發生誤解。把性當做是無關緊要的事，並不見得有好處。

＊觀察孩子的生活風格

任何在了解孩子方面受過訓練的人，都能很容易地區分出不同的生活風格和類型。

要看出一個孩子的合作程度，可以觀察他的姿勢、觀看和聆聽的方式、和其他孩子所保持的距離、是否容易與人交友以及專心注意的能力。如果他老是忘記寫功課或丟掉書本，我們可以猜想：他對他的學業不感興趣。我們必須找出他對學校喪失胃口的原因。

如果他不參加其他孩子的遊戲，我們可以看出他的孤獨感，和他對自己的興趣。如果他總希望別人幫他做事，我們可以看到他缺乏獨立性，和他想得到別人幫助的欲望。

　　有些孩子只有在受到嘉獎或讚賞時才肯工作。有許多被寵慣的兒童，只有在老師對他們額外注意時，在學校功課的表現上才特別優越。

　　如果他們失掉了這種特別的關懷，麻煩就開始了。除非他們有觀眾，否則他們就無法取得進展；如果沒有人注視他們，他們的興趣就馬上停止了。對這些兒童，數學經常是種很大的困難。當要他們闡述公式規則時，他們會毫無困難地說出來，但是要他們自己解開一個問題時，他們就一籌莫展了。

　　這似乎是一種小缺點，但是對我們共同的生活造成最大危險的，就是這些終日要求別人注意和幫助的孩子。如果這種態度保留不變，他在成年之後的生活裡，也會索取別人的支持。當他面臨問題時，他的反應是作出強迫別人代他解決問題的行動。他會終其一生對人類福址毫無貢獻，只是挖空心思，要成為別人永久的負擔。

　　另外還有一種孩子，他們決心要成為眾人注目的中心，如果不能如願，他們就會惡作劇，擾亂班上的秩序，帶壞其他孩子，使得人人為之側目。責備和處

罰都改變不了他，相反，這些正是投其所好。他寧可受痛打也不願被忽視。他的行為所帶來的痛苦，只不過是他為自己歡樂所付出的代價而已。

*學校裡的失敗者——懶孩子的秘密

對許多兒童而言，處罰只是對能否持續其生活風格的挑戰，他們把它看做是一場比賽或遊戲，看看誰撐得久。結果他們總是贏的，因為主動權掌握在他們手裡。所以有些喜歡和老師或父母作對的人，在受到處罰時，不但不哭，反倒會笑。

懶惰的孩子，除非他的懶惰是對父母或老師的直接打擊，否則他們幾乎都是野心勃勃、且又怕遭到失敗打擊的兒童。每個人對「成功」一詞的了解都是不相同的。有時候，當我們發現一個孩子把什麼當做是失敗時，也會驚訝萬分。

有些人如果不能超過其他所有人，就認為自己被擊敗了。即使他們非常成功，如果有人比他更好，他也會寢食難安。

懶惰的孩子從未嘗過被擊敗的滋味，因為他從沒有面臨過真正的考驗。他對眼前的問題總是儘量逃避，也不肯輕易和人一較長短。別人多少都會認為，如果他不是這麼懶的話，一定能應付他的困難。他自己也在這種想法裡找到了護身之所。「只要我肯

做，哪件事我做不了？」當他失敗時，也會以此自我解嘲，並保持住他的自尊。他會對自己說：「我只是懶，不是無能。」

有時候，老師也會對懶學生說：「如果你更努力一點，你就會變成班上最好的學生。」如果他不費吹灰之力就能獲此殊榮，他為什麼要再努力一點，冒失去被人重視的險？很可能如果他不再懶惰時，人家就不會再以為他懷才不露了。別人會以他的成就來評斷他，而不再重視他可能達到的成就。

懶孩子的另外一點好處就是：當他做了一點點工作時，別人就會誇獎他。別人看到他好像有洗心革面的意思，便急著想刺激他痛改前非。同一件工作，如果是勤快的孩子所做的，便不會受到這麼多重視。懶孩子便以這種方式，生活在別人的期待裡。他也是個被寵壞的孩子，從嬰孩時代起，他只學會不管什麼事，都要期待別人幫他完成。

＊孩子中的「領袖」

另外還有一類很普遍而且容易辨認的孩子，就是喜歡在同伴之間起帶頭作用的孩子。人類是需要領袖的，但是大家需要的，只是顧及大家利益的領袖。可這一類的領袖並不多見，大部分扮演領袖角色的孩子所感興趣的，只是能讓他們統治別人的情境。只有在

這種情況下，他們才能參加同伴的活動。因此，這類型並不是將來必然能一帆風順的類型。在以後的生活中，他們註定會碰上種種困難。當兩個這樣的領袖在婚姻、事業或社交場合中碰面時，不是演成悲劇，就是鬧出笑話。他們每一個都在尋找壓過對方、建立自己優越地位的機會。有時候，家中的長輩會以觀看被寵壞的孩子，肆意指使別人為樂。他們開懷大笑，或鼓勵他再接再厲。然而，孩子們很快就會發現，這並不能發展出有利於社會生活的性格。

孩子之間有許多不同的類型，我們絲毫無意主張他們應該被塑造成那種類型。我們只希望防止他們步入失敗和困難的發展，這些發展在兒童時代，是比較容易被糾正或防止的。

如果未被糾正，它對成年期生活所造成的結果不僅嚴重，而且有害。兒童時期的錯誤，和成年後的失敗是一脈相通的。沒有學會合作之道的兒童，以後會變成精神病患者、酗酒者、罪犯或自殺者。焦慮性精神病患者，幼時多害怕黑暗、陌生人或新情境。憂鬱症患者是愛哭的娃娃。

＊在學校設立「顧問會議」方法

在現代的社會中，我們無法期望接近每一位父母，幫助他們避免錯誤。最需要給予忠告的父母，都

是最不肯接受勸告的父母。但是，我們卻可以藉著所有的老師，經由他們來接近全部的學生，矯正他們已經造成的錯誤，並訓練他們過一種獨立、合作又充滿勇氣的生活。人類未來福址最大的保證，就在於這種工作中。

為了達到這個目標，大約十五年前，阿德勒就開始在個體心理學中提倡顧問會議，它在維也納以及許多歐洲大城市中，都已經被證實為相當有價值。

有遠大的理想和希望自然是件好事，但是如果沒有找到合適的方法，空談理想也是沒有用的。經過這十五年的經驗之後，顧問會議已經獲得了完全的成功。它是處理兒童問題，並把兒童教育成健全個人的最佳工具。

當然，如果顧問會議是以個體心理學為基礎的話，它會更為成功。但是也沒有什麼理由，要反對它與其他學派的心理學家合作。事實上，阿德勒一直主張，顧問會議應該和不同學派的心理學家聯合設立，然後再比較各學派所獲得的結果。

在顧問會議的方法中，要由一位訓練有素，對教師、父母和兒童的困難，經驗豐富的心理學家，和某一學校的教師們，一起討論他們在教育工作中所遇到的問題。

當他到學校時，教師便向他描述某一兒童的個案

及其特殊問題。這個孩子可能是很懶，或好爭論、逃學、偷竊，或在功課上落後。心理學家要貢獻他自己的經驗，和教師展開討論。孩子的家庭生活、性格和發展都應進行描述。發生問題的環境也必須特別注意。然後教師便和心理學家一起，研討造成這個問題的可能原因，和應該如何處理它的方法。由於他們都富有經驗，他們很快就能獲得一致的結論。

在心理學家到校之日，孩子和他的母親也都應該到校。在他們決定要怎樣對他的母親說話，要如何才能影響她，並讓她明白這個孩子失敗的原因之後，母親就被請了進來。

母親會透露出更多的消息，和心理學家互相討論，然後由心理學家建議應該採取什麼措施，來幫助這個孩子。通常母親是很高興有這種協商的機會，並很願意合作的。如果她的態度游移不定，心理學家或教師可以舉出類似的例子，從其中引申出她可以應用於孩子身上的各種結論。

然後將孩子叫進房間，讓心理學家和他談話。談的不是他犯的過錯，而是他眼前的問題。他要找出妨礙這個孩子正常發展的想法和意見，以及他所不在意、但別人很重視的信念等。

他並不責怪孩子，只是和他進行一種友善的談話，給他另一種觀點。如果他想提到孩子的錯誤，他

可以將之放入一個假設的情況中，徵求孩子的意見。對這種工作沒有經驗的人，在看到孩子很快就能瞭解並改變整個態度時，一定會非常驚訝。曾經在這項工作上受過阿德勒訓練的教師，對它都很感興趣，無論如何都不肯再放棄它。

它使他們在學校中的工作更為有趣，也增加了他們獲得成功的機會。沒有人認為它是一種額外負擔，因為它經常在半個小時以內，就解決了困擾他們多年的問題。整個學校的合作精神提高了，經過一段時間以後，嚴重的問題也不再發生，只有一些微小的錯誤需要處理。

教師事實上都成了心理學家，他們已學會了要了解人格的整體，以及它各種表現的一貫性。如果在日常生活中發生了什麼問題，他們也能夠自己解決它。事實上，我們的希望也是如此，如果教師們都受了良好的訓練，心理學家也就不需要了！

比方說：如果班上有了一個懶惰的孩子，教師就應該為孩子籌備一次關於懶惰的討論會。

他可以用下列題目作為討論的題材：「懶惰是怎麼樣來的？」「它的目的是什麼？」「懶惰的孩子為什麼不肯改變？」「它為什麼非得改變不可？」

孩子們討論以後，可以獲得一個結論。那個懶孩子自己可能不知道，自己就是這次討論的原因，但這

是屬於他自己的問題，他會對它感興趣，並從中學到很多東西。如果他受到攻擊，他必定會一無所獲，但是如果他肯虛心聆聽，他就會加以考慮，進而改變自己的態度。

沒有人能像生活起居都和孩子在一起的老師那樣，清楚地瞭解他們的心靈。他看到了孩子的許多層面，如果他的方法很好的話，他還會和他們每一個人建立起交情。孩子在家庭生活中所造成的錯誤，是會持續下去，還是會被糾正過來，完全是掌握在老師手上。

老師像母親一樣，是人類未來的保證，他的貢獻是無法估計的。

第八章
青春期

對每個孩子來說，青春期中最重要的一件事情就
是，他必須證明他已經不再是個孩子了。我們也許
可以設法讓他相信，這是件理所當然的事情。如果
我們做到了這一點，這個情境中的緊張氣氛，便能
消除掉許多，如果他覺得一定要證明它，當然他會
過分強調他的立場。

*危險而複雜的欲望

討論青春期的書籍可謂汗牛充棟，人們在處理這個題材時，幾乎都把它當做是可以使個人性格整個發生改變的危險時期。

在青春期中固然有許多危險，但是它並不能真正的改變人格。它把正在成長中的孩子帶入新的情境，接受新的考驗。

他會覺得已經接近生活的盡頭了，在他生活風格中，一直未被觀察到的錯誤，會開始顯現出來。當它們出現時，飽經世故的人總可以洞察到它們。它們現在已經變得很明顯，不容再加以忽視了。

對每個孩子來說，青春期中最重要的一件事情就是，他必須證明他已經不再是個孩子了。我們也許可以設法讓他相信，這是件理所當然的事情。如果我們做到了這一點，這個情境中的緊張氣氛，便能消除掉許多，如果他覺得一定要證明它，當然他會過分強調他的立場。

青春期有許多種行為，都是出於表現欲 —— 獨立性、和成人平等、男子氣概或女人作風等等的欲望。這些表現的方向，決定於兒童對於「成長」的意義抱何種看法。如果「成長」的意思是不受控制，孩子就會開始反抗各種拘束。有些孩子在這段時間開始學抽煙，用髒話罵人，或深夜不歸。有些會出人意料之外

地反抗他們的父母，他們的父母對一向聽話的孩子，為什麼突然變得如此桀傲不馴，也深感大惑不解。

聽話的孩子也許一直對父母抱有反感，但是只有現在，他有了較多的自由和力量時，他才敢將他的敵意宣佈出來。有一個經常挨打受罵的孩子，在表面上顯得安靜而順從，可是私底下卻在等待著報復的機會。當他覺得自己羽翼豐滿之後，就藉機向父親尋釁，毆打了父親，再離家出走。

大部分的孩子到了青春期，都會享有較多的自由和獨立。父母親不再覺得，他們有監護他的權利。如果父母想再繼續監督他，他必定會更努力，設法脫開他們的控制。父母愈是想證明他還是個小孩子，他愈是反其道而行之。從這些爭鬥中，會發出一種反抗的態度，結果就構成「青年反抗主義」的典型。

我們無法給青春期的階段定出嚴格的界限。它通常是由十四歲左右到二十歲，但是有些孩子在十一二歲時，便已進入青春期。身體的各部分器官，在這段時間都加速發展，有時候，它們的功能之間，是很不容易順利協調的。

孩子們身高增長、手足加大，但都可能不太靈活。他們需要再訓練這類器官的協調，但在這個過程中，如果受到別人的譏笑，他就會變得愈發笨拙。內分泌腺對兒童的發展也有影響，它們會促進其功能。

但這並不是由無到有的全部改變，內分泌腺在出生之前，就已經開始起作用，但是現在它們的分泌增多，第二性徵也更為明顯。男孩子會開始長出鬍子，聲音也變得粗啞。女孩的體型逐漸豐滿，變得女性化了。這些都是常常使青年人感到惶恐及迷惑的事情。

＊粗鄙的性活動

　　有時候，對成年生活準備不足的孩子，在職業、社交、愛情和婚姻等各種問題一起逼近時，會覺得恐慌之極。

　　對於職業，他找不到能夠吸引他的工作，認為自己終將一事無成。對於愛情和婚姻，他對異性總是忸怩不安，遇見他們時，也會慌亂不知所措。如果異性和他說話，他會面紅耳赤，無言以答。

　　他會一天比一天地感到絕望，最後，他對生活的所有問題都覺得厭煩，也沒有人再了解他。他不注意人們，不跟他們說話，也不聽他們說話。他不工作，也不讀書，只終日幻想，和進行一些粗鄙的性活動。這是稱為「早發性癡呆」（dementia praecox）的精神錯亂。但是這種病症其實只是一種錯誤而已。如果能夠告訴這種孩子，證明他走的途徑不對，並指點出正確之途，他便能霍然而癒。

　　但是，這個工作並不簡單。因為他的整個生活，

以及過去生活中所學到的東西，都必須被糾正過來。過去、現在和未來的意義，都必須以科學的眼光重加檢討，不能只憑私人的想法妄加臆測。

青春期的所有危險，都是由於對生活的三個問題，缺乏適當的訓練和準備所造成的。

如果孩子們對未來心懷畏懼，他們自然會以最不費力氣的方法來應付它。然而，這種簡單的方法，卻是沒有用的方法。孩子們越受到命令、告誡、批評，他們越覺得惶恐無措。我們越推他向前，他會越往後退縮。除非我們能夠鼓勵他，否則他的努力都會徒勞無功，甚至更傷害到他。由於他是這樣的悲觀和膽小，我們無法期望他會自動自發的努力奮發。

有些孩子在這段期間，希望自己留在兒童時代，永遠不要長大。他們甚至以兒語說話，和比他們小的孩子玩在一起，裝得像嬰孩般的無憂作態。但是絕大多數的人都會竭盡所能，仿效成人的一舉一動。他們也許沒有真正的勇氣，但是卻要扮出一副類似成人的怪相，他們模仿大人的姿態，滿不在乎地花錢，調戲異性並做愛。

＊少年罪犯和精神病

在某些棘手的個案中，孩子們還沒有看清該用什麼途徑，來應付生活的問題，就迫不及待地胡做

非為，於是就這樣開始了犯罪生涯。這種情況尤其是在他少年時犯過罪，又未被發現，因此自以為聰明得可以避開天下耳目時，最容易發生。犯罪是從生活問題之前逃離掉的簡捷方法之一，特別是在經濟問題之前。

因此，在十四歲至二十歲之間的少年犯罪，便有急速增加的趨勢。在這裡，我們面臨的並不是一種新的情境，而是較大的壓力，把兒童時期就已經存在的暗流激發出來。如果個人的活動程度較小，他逃避生活問題的簡單方式就是精神病。

在這些年齡之間，有許多孩子開始患上官能性疾病和精神失常。每一種精神病的病症，都是不必降低個人的優越感，就能拒絕解決生活問題的藉口。

精神病症出現在個人面臨社會的問題，且又不準備以符合社會要求的方式來解決它的時候。這種困難會造成高度的緊張。

青春期身體的情況，對這種緊張特別敏感，所有的器官都會被它激動，全部的神經系統也都要受到影響。器官的不舒適，也可以作為猶疑和失敗的脫身之詞。

在這類的個案中，個人不管是私下還是在他人面前，都會因為他的病痛，而認為自己可以不負擔任何責任。這樣便構成了精神病。

每一個精神病患者，都表現了最誠摯的意願，他十分了解社會感覺，和應付生活問題所需要的是什麼，只有在他的病症裡，他才能逃開這種要求。能夠使他放下重負的，是精神病本身。

他的整個態度似乎在說：「我也急著要解決我的問題，但是我的病卻叫我無能爲力。」這一點就是他和罪犯的不同之處。後者經常是毫無顧忌地，表現出他的不良意願，他對社會感覺也麻木不仁了。

我們很難決定它們哪一個對人類利益的損害較大。精神病患者的動機雖很善良，但是撇開他的動機不談，他的行動卻是討人厭、自私，且有意要妨害別人的。罪犯雖然不掩飾他的敵意，可是卻咬緊牙根，壓抑社會感覺。

＊青春期的失敗者和勇敢者

有許多青春期的失敗者，在小時候都是被寵壞的孩子。從這一點不難看出，對習慣於事事都要別人服侍的兒童，成人的責任是一種特殊的重擔。他們仍然希望受人寵愛，但是當他們年歲漸長，他們發現已經不再是眾人注意的中心了。他們是在人造的溫暖氣氛中長大的，現在卻發覺外界的空氣冷酷刺骨。

因此，他們責怪生活欺騙了他們，害得他們失敗。這時，我們就能發現他在開進步的倒車。這一

類的孩子，大多數會在讀書或工作方面開始失敗，以前看起來天資沒有他們高的孩子，會趕過他們並且表現出出人意料的能力。這和他們以前的歷史並不相衝突。

也許一直非常受人重視的孩子，現在會開始害怕辜負別人對他的期望，只要他繼續受到幫助和讚賞，就能鼓足勇氣前進，但是當環境需要他做獨立的奮鬥時，他就會勇氣全失，向後退卻。

另一些人則被這種新的自由所激勵。他們在自己面前，清楚地看到達成其雄心之路。他們心中充滿了新的構想和新的計劃。他們的創造性生活開始弓上弦、劍出鞘，他們對人類活動各方面的興趣，也變得鮮明而熱烈。這些都是勇敢的孩子，對他們而言，獨立的意義並不是困難和冒失敗的危險，而是獲得成就和奉獻社會的更廣闊機會。

以前一直覺得受人輕視的孩子，現在可能因為和同伴的接觸增加，而開始孕育出他們也被人欣賞的希望。有許多人非常醉心於爭取別人的讚賞。男孩子如果只想尋求別人的誇獎，那是相當危險的。

＊過早的性關係──十五歲女孩的報復

不過女孩子通常都比較缺少自信，她們把別人的欣賞，當作是證明她們價值的唯一方法。這種女孩子

很容易落入阿諛她們男人的圈套。

有些女孩覺得自己在家中不受欣賞，便開始和男人發生關係，這不僅是要證明她已經長大了，而且還因為她們希望用這種方法，來獲得一種能夠被欣賞和被注意的地位。

在這裡有一個個案：一個出身貧寒的十五歲女孩，她有一個哥哥，從年幼起就一直體弱多病。她的母親不得不對她哥哥格外注意。當她出生時，母親也沒能好好照顧。不僅如此，在她的幼年時代，她的父親也臥病在床，父親的病更佔去了母親原應照顧她的許多時間。

因此，這個女孩從小就了解被人照顧的意義是什麼。她很注意這件事，一直盼望著能夠多受人照顧，但是她在家中卻總是無法達到願望。後來，母親又生了一個妹妹，這時父親雖然也痊癒了，但母親卻又將全副心力都轉移到妹妹身上。結果，這女孩覺得自己是唯一沒有受到愛和溫情的人。她繼續努力奮鬥，在家中，她是個好孩子，在學校她是個好學生。由於她的成功，父母決定讓她繼續她的學業，把她送到一所教師對她一無所知的高中去。

最初她不了解這所新學校的教學方法，她的功課開始趕不上別人，老師因此批評了她幾句，她卻覺得萬念俱灰了。她急著要得到別人的欣賞。家裡沒人欣

賞她，學校也是如此，她該怎麼辦才好？

　　她環顧四周，想找一個了解她的人。在幾經嘗試後，她離家出走，和一個男人一起生活了十四天。她的家裡對她的行為憂慮萬分，到處找她。結果發生了什麼事，也是我們能預料到的。她很快就發現自己仍然不能為人所欣賞，開始後悔自己所做出的荒唐事。

　　自殺是她的第二個念頭，她送了一張字條回家：「不要為我擔心，我已經服了毒藥。我很快樂。」事實上她並沒有服毒。之所以這樣做，原因也不難理解。

　　她的父母親事實上是對她很慈愛的，她覺得還能博得他們的同情。結果她不自殺，只是等著母親來找她，把她帶回家。

　　如果這個女孩子也像我們知道的一樣，她所追求的其實只是受人欣賞而已，那麼這場風波就不會發生了。如果她高中老師也能了解這一點，必定會事先予以防範。以往，這個女孩的學校成績一直是非常突出的，如果他知道這個女孩對這一點相當敏感，他只要對她稍微加以注意，她的情況就不會令她心灰意懶了。

＊情感錯亂的女孩

　　在另一個個案中，一個女孩子出生在一個父母性

格都很柔弱的家庭裡。她的母親一直想要個男孩，對這個女孩的降生，自然是大失所望。她一直很瞧不起女性的地位，她的女兒也不免受到影響。

她不只一次聽見母親對父親說：「這個女孩子一點都不討人喜歡，她長大後，一定沒人會喜歡她的。」或「她長大後，我們該拿她怎麼辦呢？」

在這種不良的氣氛下度過十幾年後，她看到了母親的朋友寫給母親的一封信，信中為了她只有一個女兒而安慰她，並說：她還年輕，將來總會有男孩子的。

我們可以想像這個女孩會有什麼感覺。幾個月以後，她到鄉下去探訪她的一位叔叔。在那裡她遇見了一個智力很低的鄉下男孩，並且成為他的情人。

後來，他甩掉了她，但是她依舊對他一往情深。當阿德勒看到她的時候，她已經擁有一大群男朋友，可是卻沒有哪一個能令她稱心如意。

她來找阿德勒求診，是因為她患有焦慮性精神病，不敢單獨出門。當她對獲得別人欣賞的某種方法覺得不滿意時，她就會試另一種。現在，她是以身體的病痛來叫她的家庭為她感到煩惱。除非她放棄她的悲觀，否則別人就對她束手無策。她哭泣，以自殺做威脅，把家中弄得雞犬不寧。阿德勒很難讓這個女孩認清她的處境，也很難讓她相信在青春期時，是把逃

避被輕視的感覺這件事的重要性看得太重了！

＊用性證明自我的價值

在青春期，男孩子和女孩子都會過分重視性關係，並加以渲染。他們希望證明他們已經長大了，結果卻矯枉過正。

例如，一個女孩子相信自己一直受著母親的壓迫，而企圖反抗，她就很可能任意和她遇上的男人發生性關係，作爲反抗的手段。她根本不在乎母親知不知道，其實，如果她能讓母親爲她擔心的話，那她才更高興呢！

因此，有些女孩子在和父母爭吵過後，便跑到街上，和她遇見的第一個男人發生性關係。這些女孩子一直都被認爲是很乖巧的，她們的教養很好，沒有人料想她們會做出這種行爲。

我們應當了解，這些女孩並不是真的罪惡深重。她們只是想法錯誤；她們覺得自己是處於卑下的地位，而這又是她們所能想像到的、獲得較優越地位的唯一方法。有許多被寵慣的女孩子，發現自己很難適應女性的角色。在我們的文化中，有一種根深蒂固的想法，認爲男性總比女性優越，結果她們就不喜歡身爲女性，而表現出所謂的「對男性羨慕」。

對男性的羨慕，可以表現在許多種不同的行爲

裡。有時候是討厭男人並迴避男人。有時候，她們雖喜歡男人，可是和他們在一起卻忸怩不安、說不出話。她們不願意參加有男人的集會，面臨性的問題時，也不能十分自在。

當她們年歲漸長時，她們口裡雖說自己也急著想結婚，但是卻完全沒有行動表現，她們不接近異性，也不和他們交友。

有時，我們發現對女性角色的厭惡，在青春期會表現得更為激烈。女孩子的舉止，比以往更帶有男孩子的氣息。她們希望模仿男孩子，並且發現，要模仿他們的罪行劣跡，如抽煙、喝酒、說髒話、成群結黨、放肆濫交等方面，實在是輕而易舉的事。

她們對自己行為的解釋是，如果她們不這樣做，男孩子就不會對她感興趣了。所以在對女性角色厭惡的更進一步發展的場合，我們發現同性戀、賣淫或其他各種性慾倒錯。所有的妓女從生活的早年起，就有一種根深蒂固的想法，認為沒有人會喜歡她們。她們相信自己是天生要扮演低賤角色的，她們永遠無法贏得任何男人的真情與興趣。

我們不難了解，在這種環境下，她們是多麼容易自暴自棄，並輕視自己的性別角色，認為它只不過是一種賺錢的工具而已。對女性角色的厭惡，並不是青春期才產生出來的，我們發現，這種女孩子從幼年時

代起，就討厭自己身為女孩子，只是在幼年時期，她們沒有表現出這種厭惡的需要和機會罷了！

✽ 辨識性別角色

並不是只有女孩子才會對男性羨慕。所有把身為男性的重要性過分高估的孩子，都會把男性當做是一個理想，而懷疑自己是否強壯得足以達到它。

因此，我們文化中對男性化的強調，也會使男孩子發生和女孩子同樣的困難，尤其是他們對自己的性別角色不十分肯定的時候。

有些小孩子長到相當大的時候，對自己的性別可能發生改變一事，還半信半疑；因此從兩歲起，我們就應該讓孩子很清楚地知道他們是男孩子，還是女孩子。有時候，外表長得像女孩的男孩，也會有一段特別困難的時光。陌生人常常會看錯他的性別，即使是在家裡，朋友也可能對他說：「你實在應該是個女孩子的。」這種孩子很可能把自己的外表，當做是一大缺憾，並且認為愛情和婚姻的問題，是對自己的嚴重考驗。

對自己的性別角色沒有信心的男孩子，在青春期會有模仿女孩子的傾向，他會變得帶有脂粉氣，並有被寵壞女孩子的惡習，如騷首弄姿、裝腔作勢、亂發小姐脾氣等等。

＊惡意的自慰

　　即使是對異性的態度，也是在生活最初的四、五年之間奠定基礎的。性的驅力在嬰兒時期的最初幾個星期，就已經當明顯，但是它能作出適當的表現之前，卻沒有哪種東西能激發它。

　　如果它沒有受到刺激，它的出現必定是自然的事，我們不必大驚小怪。

　　例如，當我們在嬰孩一歲的時候，看到他有局部的性興奮徵象，也不用害怕，我們應該用我們的影響力和這個孩子合作，讓他不要只對自身發生興趣，而要多注意周圍環境。

　　如果這種自慰無法阻止的話，那又是另一種情況了。這時，我們可以斷定這個孩子別有用意，他不是性驅力的犧牲品，而是有意利用它來達到自己的目的。

　　通常，這類小孩子的目標，是吸引別人的注意。他們能夠感到父母的驚訝和害怕，他們也知道如何捉弄他們的父母。如果他們的習慣，不能再達到吸引別人注意的目的，他們就會將它放棄。

　　阿德勒曾經強調，孩子們不應給予身體上的刺激。父母非常疼愛他們的孩子，他們的孩子也喜歡他們。為了增加對孩子的愛，他們總是摟抱他們，或親吻他們。他們應該知道，這不是正當的方法。孩子們

在心靈上也不應該受刺激。

＊孩子應有的性禁忌

孩子和成年人在回憶童年時，都經常提到，當他們在父親的書房中，看到一些春宮圖書或看到這類影片時，所引起的感覺。他們實在是不宜觀看這種書籍或影片的。如果我們避免刺激他們，便不會發生困難了。

另外一種形式的刺激，是我們已經在前面說過的，供給孩子們不必要的和不合宜的性知識。有許多成年人似乎有一種散播性知識的狂熱，他們深怕任何人長大後，對這方面仍有一無所知的危險。

如果我們回顧自己的過去，或研究別人的歷史，我們將看不到他們預期的那種災難。我們寧可等待孩子開始好奇且想知道這方面的事時，才告訴他們。

如果父母親對孩子相當留意的話，這時，他們應該以他能夠吸收並了解這類知識的方式回答他。還有，父母在孩子面前，最好也應該避免有過分親密的表現。

如果可能的話，孩子不要和父母親睡在同一個房間裡，或同一張床上。更理想的，是他也不要和哥哥或姊姊同一個房間。

父母親對其子女的發展，應該密切注意，不能掉

以輕心，如果他們對孩子的性格和目標沒有了解，他們就無法知道孩子有哪些地方能夠受人影響，或要用什麼方式才願受人影響。

把青春期當做一段奇異的時間，幾乎是一種世界性的迷信。

一般而言，人類發展的各個階段，都會被賦予各種屬於私人的意義，並被認為能夠完全改變個人。

＊享受青春的自由

例如，大部分對於更年期的態度就是這樣。但是這一類的階段並不是幾個截然不同的改變；它們只是生活的連續，它們的現象也沒有什麼特別的重要性。

重要的是個人在這些階段中所期待的是什麼，它們賦予它的意義，和他學會應付它的方法。

人們對於青春期的到來，常常會惶恐不安，彷彿他們是見了妖魔鬼怪一般。如果我們正確地瞭解這些情形，我們將會知道，在青春期，除了社會情況要求孩子，在生活風格方面作一些新的適應之外，其他的現象對他們並不會有所影響。

但是，青年卻相信，青春期是一切事物的終結。他們所有價值和尊嚴都已失去。他們已經不再有合作和奉獻的權利，他們認為沒有人需要他們了。青春期的所有困難，都是從這些感覺發展出來的。

如果這孩子已經學會，要把自己當做是和社會上任何人平等的一份子，並了解他應該做奉獻工作，尤其是如果他已經學會，將異性看做是平等的夥伴，那麼青春期只是給他一個機會，讓他開始對成年人的生活問題，作出獨立而有創造性的解答。

　　如果他對這些觀念的認識程度比別人為低，如果他對環境抱有錯誤的看法，在青春期他會顯得好像還沒有做好享受自由的準備。如果有人強迫他去做他必須做的工作，他就能夠完成它，如果讓他自己去做，他就會膽小如鼠、一事無成。這種孩子在壓迫之下將會適應良好，但一到自由裡，他就不知何去何從了。

第九章
犯罪心理及治療

在罪犯的各種活動和態度中，都顯示出他是在掙扎
著要成爲優越、要解決問題、要克服困難。他和別
人的不同處，並不在於他沒有這種形式的追求，而
是他所追求的方式。

*罪犯和普通人共同的傾向──超越自卑

從個體心理學，我們開始了解人類的各種不同類型，但是，人類彼此之間的差異並不這麼明顯。

我們發現，罪犯和問題兒童、精神病患者、自殺者、酗酒者、性慾倒錯者等人所表現出來的失敗，都是屬於同一種類型的──他們全都是在處理生活問題上失敗了，特別是在一個令人注意的定點上，他們全都蹈上了覆轍──他們每一個人都缺乏社會興趣。他們對他們的朋友漠不關心。

但是，即使在這一點上，我們也不能認為他們和別人截然不同，而將他們區分。沒有那一個人可以完全合作，或具有完全社會感覺。罪犯的失敗，只是程度較深的共同失敗而已。要了解罪犯，還有另一點是很重要的，但是在這一點上，他們和其他人也毫無二致──我們都希望克服困難。我們都努力著，想要在未來實現一個目標，得到了它，我們將會覺得強壯、優越、完美。

杜威教授把這種傾向稱為對安全的追求，這是非常正確的。還有人稱之為對自我保全（self preservation）的追求。但是，不管我們如何稱呼它，我們在人類身上，總可以發現這條巨大的活動線──掙扎著要由卑下的地位，升到優越的地位，由失敗到勝利，由下到上。它從最早的兒童時期就已經開始，

持續到生命結束為止。因此，當我們在罪犯之間也發現同樣的傾向時，我們不必驚訝。

在罪犯的各種活動和態度中，都顯示出他是在掙扎著要成為優越、要解決問題、要克服困難。他和別人的不同處，並不在於他沒有這種形式的追求，而是他所追求的方式。當我們看出他之所以用這種方式，是因為他不了解社會生活的要求和不關心其同類時，我們將會知道，他的行為是十分不明智的。

* 罪犯並不是瘋子

這一點必須再特別強調，因為有許多人都不這樣認為。他們認為罪犯是異常的人種，和一般的人完全不相同。

例如，有的科學家斷言，所有的罪犯都是心智低能者。還有些人特別重視遺傳，他們相信罪犯天生就不對勁，是生來註定要犯罪的。另外還有人主張，罪惡是環境造成的，不能改變，一旦犯了罪，就會繼續再犯下去。

現在已經有許多證據足以反駁這些意見，而且我們也必須看到，如果我們接受了這種看法，解決犯罪問題的希望就蕩然無存了。在我們有生之年，我們必須消除掉這種人間的悲劇。

從整個歷史裡，我們知道犯罪一直是一種悲劇，

但是現在我們必須奮力而起，採取行動來對付它，我們絕不能對它視若無睹，或無可奈何地說：「這些都是遺傳搞的鬼，我們一點辦法也沒有！」

　　不管環境或是遺傳，都沒有強迫性的力量。同一個家庭、同一個環境出身的孩子，可能按完全不同的方向發展。有時候，罪犯可能是出身自清白的家庭；有時候，在經常有出入監獄或感化院的罪犯世家中，我們也會發現品行良好的兒童。

　　而且，有些罪犯到後來都痛改前非了，許多犯罪心理學家都解釋不出，為什麼有的強盜在將近六十歲時，竟然會放下屠刀、重新做人。如果犯罪是一種先天的缺憾，或是在環境中註定要發生的，那麼這些事實就無法被人所了解。

　　但是，從我們的觀點來看，它們卻很容易理解。也許個人的處境，已經變得較為優越，對他們的要求減少了，他們生活風格中的錯誤，也不再有出現的必要。或者，他也許已經得到他所想要的東西。

　　最後，他還可能邁入老年，行動不便，不適於再幹犯罪生涯，他的骨骼僵硬得不能再飛簷走壁，樑上君子一行是難以為繼了。

　　在作更進一步的討論之前，我們要先澄清罪犯都是瘋子的觀念。

*什麼人才是真正的罪犯

雖然有許多精神病患者也會犯罪，但是他們的罪卻是屬於完全不同的類型。我們並不認為他們應該對自己所犯的罪負責，他們的犯罪是完全不了解自己，和用錯誤的方法對待自己的結果。

同樣的，我們也應該諒解心智低能的罪犯，他們其實只是一件工具而已。

真正的犯罪者，是那些在背後主謀的人。他們描繪出一幅美麗的遠景，他們激起了心智低能者的幻想或野心，然後把自己藏起來，讓他們的犧牲品去執行犯罪計劃，並承受懲罰的危險。當然，當經驗老到的罪犯唆使青年人犯罪時，情況也是這樣。精於此道的罪犯擬好了犯罪計劃，再哄騙青年去當執行者。

現在，讓我們回頭討論前面提過的巨大活動線：每一位罪犯——以及其他的每個人——都沿著這條線在追求勝利，在追求穩固的地位。

在這些目標之間，有許多不同的差異。我們發現，罪犯的目標，總是在追求屬於他私人的優越感。他所追求的，對別人一點貢獻都沒有，他也不跟別人合作。

社會需要各式各樣的組成分子，我們都有合作的能力，都能彼此需要，也都是有用的。但是，罪犯的目標卻不包括這種對社會的有用性；這就是犯罪行業

最顯著的一面。以後，我們將會討論這是怎麼來的。

＊ 罪犯的生活風格

現在我們所要談的是，如果我們要了解一個罪犯，我們要找出的主要點，是他在合作中失敗的程度和本質。罪犯之間的合作能力各不相同，他們有的缺乏得很嚴重，有的則較輕微。例如，有些人約束自己只能犯小罪惡，絕不能超過這個範圍。其他人則寧可犯滔天大罪。他們有些是主謀，有些是從犯。為了了解犯罪的種種不同，我們必須更進一步地檢討個人的生活風格。

個人典型的生活風格是很早就建立起來的。在四、五歲的時候，我們已經可以看出主要的輪廓。因此，我們認為要改變它，不是件很容易的事情。它是個人自己的人格，只有了解自己在建造它時所犯的錯誤，它才能改變過來。

所以，我們可以了解，為什麼有許多罪犯雖然被懲罰過無數次，受盡侮辱和輕視，並喪失掉社會生活的各種權利，卻仍然我行我素，一再地犯下同樣的罪行。

強迫他們犯罪的，並不是經濟的困難。當然，在經濟不景氣、人們負擔加重時，犯罪案件會直線上升。經由統計的結果顯示，犯罪案件的增加，是和物

價的升高成正比的。然而，這並不足以證明，經濟情境會導致犯罪。它所表示的是，人們的行為是受到限制的。

例如，他們合作的能力就有許多限度，當達到這些限度時，他們就不再獻出自己的力量了。他們拒絕合作，而加入犯罪的陣營。

從其他的各種事實，我們也發現，有許多人在優越的環境下都不是罪犯，但是當生活中產生了太多他們無法應付的問題時，就開始犯罪了。此處，最重要的是生活的風格，也就是應付問題的方法。

從個體心理學的經驗中，我們能獲得一點非常簡單的結論——罪犯對別人都不感興趣。他們只能合作到某一限度。超過這個限度時，他便開始犯罪。當一個問題使他無法解決的時候，他的合作限度就崩潰了。

如果我們考慮我們每一個人都必須面臨的生活問題，以及罪犯無法解決的問題，我們將會發現，在我們的一生中，除了社會問題外，便沒有其他問題，而這些問題只有我們對別人感到興趣，才能獲得解決。

＊生活三問題的失業者

個體心理學教我們把生活問題分成三大類——

第一類是和他人之間的關係問題，也就是友誼問

題。罪犯有時候也能夠有朋友，但是多是同流合污的朋友。他們會結黨營幫，彼此也能推心置腹。

但是，在這裡我們馬上可以看到，他們是如何地縮小他們的活動範圍。他們不能和正常社會的一般人為友。他們把自己當做是局外人，也不知道和其他人相處時，要怎樣做才會感到自在。

第二類的問題包括和職業有關的各種問題。

如果問罪犯關於這方面的問題，有許多人會回答：「你根本不知道工作的辛苦！」他們認為工作是辛苦的，他們不願意像其他人一樣地和困難搏鬥。

有用的職業，蘊涵了對他人的興趣，和對社會福址的貢獻，但這正是罪犯人格中所缺少的東西。這種合作精神的缺乏，很早就顯現出來了，所以大部分的罪犯對解決職業問題，都沒有很好的準備。

大多數的罪犯都是不學無術、無一技之長的人。如果你追溯他們的歷史，你會發現他們在學校時代，甚至在進學校之前，就已經發生困難了。他們從未學會合作之道。

要解決職業問題，非要先學會與人合作不可，但是這些罪犯偏偏與此道無緣。因此，如果他們在職業問題上失敗了，我們也不能過分責怪他們。我們應該把他看作是沒有學過地理的人，在參加地理科考試一樣，他自然會答非所問，甚至交白卷。

第三類包括了所有的愛情問題。美好的愛情生活中，對配偶的興趣和合作是同等重要的。有個令人注意的現象是，被送進管教所的犯人，在此之前，有半數患有性病。這個現象顯示，他們對愛情問題，需要的是一種簡單的解決方法。他們把伴侶當作是一宗財產，我們經常會發現他們認為愛情是可購買的。

對這種人而言，性生活是征服、是佔有，也是他們應該保有的東西，而不是生活中的伴侶關係。

＊罪犯的私人邏輯

「如果不能隨心所欲地得到我想要的東西，」有許多罪犯說，「生活還有什麼意思？」

如今，我們可以看到我們應從什麼地方開始矯正罪犯了——我們必須教之以合作之道。在管教所裡鞭打他們，是沒有什麼用的。將他們釋放之後，他們可能還會再危害社會。

但是，在目前的情況下，這一點卻沒有商量的餘地。社會是絕對無法將罪犯完全隔離開的。因此，我們要問：「既然他們還是不適於過社會生活，我們該拿他們怎麼辦？」

在所有的生活問題中，都不願與人合作，這並不是什麼小缺陷。在一天之中，我們時時刻刻都需要合作；我們和別人合作能力的程度，就表現在我們觀

看、談吐和傾聽的方式之中。

如果我們的觀察沒有錯誤，罪犯們看、說、聽的方式都和別人不一樣。他們有不同的語言，我們不難猜測，他們智力的發展，可能會受到這種差異的妨害。當我們說話的時候，我們總希望每個人都能了解我們。了解本身就是一種社會因素，我們給予語言一種共同的解釋，我們了解它的方式，應該是和任何其他人一樣的。

但是，罪犯們就不一樣了，他們有私人邏輯、私人的智慧。這些，我們可以從他們對罪行的解釋方式中看出來。

他們既不愚笨，也不是智力低下。如果我們接受了他們錯誤的個人優越感目標，他們的結論大部分是十分正確的。

也許有個罪犯會說：「我看到一個人有條很漂亮的褲子，而我卻沒有，所以我要殺死他！」

現在，如果我們也承認他的欲望都是很重要的，而且又沒有人要求他以有用的方式謀生時，他的結論就是很明智的，可是卻太缺乏常識了。

最近，在匈牙利發生一宗刑事案件 —— 有幾個婦女用毒藥犯下許多謀殺案。當她們之一被送進監獄時，她說：「我的兒子病得奄奄一息，我只好把他毒死。」

如果她不願意再合作了，除此之外，她還能做些什麼？她是很清醒的，但是她卻有一種不同的感覺表，對事有不一樣的看法。

　　因此我們可以了解，爲什麼有些罪犯在看到吸引人的東西，而想輕而易舉地獲得它們時，會理直氣壯地認爲，他們應該從這個他們不感興趣而又充滿敵意的世界中，把這種東西奪過來。他們對這個世界有一種錯誤的看法，對自己的重要性和別人的重要性，也有一種錯誤的估計。

＊罪犯內心的懦弱

　　但在考慮他們缺乏合作精神時，這一點卻不是最主要的。罪犯全部都是懦夫。他們逃避他們覺得自己的能力不足以應付的。除了他們犯的罪行之外，我們可以在他們面對生活的方式中，看出他們的懦弱。即使在他們所犯的罪行裡，我們也可以看到他們的懦弱。

　　他們隱藏在僻靜和黑暗中，恐嚇過往行人，在行人能採取防衛措施之前，先亮出了武器。罪犯以爲自己是很勇敢的；但是我們絕不可以受其愚弄而這樣認爲。

　　罪行是懦夫模仿英雄行徑的表現。他們在追求著一種自己幻想出來的個人優越感目標，他們以爲自己

是英雄，其實這又是一種錯誤的感覺，也是缺少常識的表現。

我們知道他們是懦夫，如果他們知道我們對這一點很清楚時，一定會大吃一驚。因為當他們覺得自己鬥垮了警察時，會增加他們的虛榮心和驕傲感，所以他們時常會想：「我是絕不會給逮住的。」

不幸的是，如果對每一個罪犯的生涯做仔細的探討，一定會發現他曾經犯過許多罪而未被發覺。這是件非常討厭的事。當他們在東窗事發時，他們會想：「這次我有些地方失策了，下回一定要幹得乾淨俐落點！」如果他們成了漏網之魚，他們會覺得自己已經達到了目標了，他們洋洋得意，接受同伴的祝賀和讚賞。

我們必須破壞罪犯對其勇氣和機智的這種評斷方法，但是我們要在什麼地方破壞它？我們可以在家庭、在學校或在管教所裡做到這一點。後面我們再描述它的要害所在。

＊麻煩從家庭開始

現在，我們要進一步討論能造成合作失敗的環境。

有時候，我們必須把這個責任讓父母來擔負。也許母親技巧不夠，不能使孩子和她合作，她或許認為

沒有人能夠幫助她，或許自怨自艾，自己都不能和自己合作。

在不愉快的婚姻或破裂的婚姻中，也很容易看到合作精神未被適當地發展出來。嬰孩最先是和母親合作，但是這位母親很可能不希望讓孩子的社會興趣，擴展到包括有他的父親、其他孩子或成人。

另外，這個孩子可能一直覺得，自己是家庭中的霸王；到他三、四歲的時候，另一個孩子出生了，他從王位上被拉了下來。這些都是必須被列入考慮的因素。

如果你追溯罪犯的生活，你大概都會發現，他的麻煩從他早年的家庭經驗中便已開始了，具有影響力的，並不是環境本身，而是孩子對其地位的誤解，以及沒有人在旁邊開導他。

如果有一個孩子，在家庭中特別傑出或天賦特別高，對其他的孩子總是件難堪的事。這種孩子獲得了最多的注意，其他人則覺得氣餒而憤憤不平，他們拒絕合作，因為他們想努力競爭，卻又沒有足夠的信心。

在這些被別人的光芒所遮蓋，又沒有機會表現自己才能的孩子身上，我們常常能看到這種不愉快的發展。在他們之間，我們可能發現罪犯、精神病患或自殺者。

＊自卑與不平衡

　　缺乏合作精神的孩子上學的第一天，我們就能從他的行為中看出其缺點。他無法和其他的孩子交朋友，也不喜歡老師。他漫不經心，上課時也不聽講。如果老師不了解他，他可能會遭受新的打擊。他會受盡冷嘲熱諷，卻沒有人對他諄諄鼓勵和教以合作之道。無疑，他會覺得課業更乏味了！如果他的能力和自信時時都會受到打擊，他自然不可能對學校生活感到興趣。

　　在罪犯的生涯中，你會發現他十三歲時，仍然停留在四年級，而且時常因為他的愚笨受到責備，他對別人的興趣，日復一日地逐漸喪失，目標也漸漸移向負面的方向。

　　貧窮也很容易使人對生活產生錯誤的解釋。出身貧寒的兒童，在家庭之外可能會遭到社會的歧視。他的家庭可能衣食都感到困難，終日在愁雲籠罩中和生活搏鬥。他自己也可能很早就需要賺錢幫助家計。

　　以後，當他看到許多有錢人過著奢侈的生活，並能隨心所欲購買東西時，他會覺得，他們享受的權利是不應該比他多的。

　　這就是在貧富懸殊的大都市裡，犯罪案件特別多的原因。嫉妒絕不會產生有用的目標。在這種環境中的兒童，很容易發生誤解，以為得到優越感的方法，

就是對金錢的不勞而獲。

自卑感也可能集中在身體的缺陷上。自卑感的產生，不應歸咎於身體，而應責怪我們的教育方法，如果我們用的方法正確，身體有缺陷的兒童，對別人和對自己都會感到興趣。

如果沒有人幫助他們發展出對別人的興趣，他們就只會關心自己。當然，有許多人是真的患有內分泌腺的缺陷，但是我卻很樂於澄清，事實上，我們絕對無法說出，某種內分泌腺的正常作用應該是什麼樣子的。我們內分泌腺的作用，可以有相當大的變化而不損及人格，因此，這個因素必須撇開不予考慮；尤其是如果我們要找出正確的方法，來使這些孩子也常為良好的公民，並且有和其他人合作的興趣時，更應該如此。

在罪犯之間，有相當大比例的孤兒，我們不能在這些孤兒之間，建立起合作精神，簡直是我們文明的奇恥大辱。私生子也是如此──沒有人挺身而出，來獲得他們的情感，並將之轉移到全體人類上。被遺棄的孩子經常走入犯罪之途，尤其是當他們知道沒有人要他們的時候。

在罪犯之間，我們也經常發現容貌醜陋的人，這件事實曾經被用來證明遺傳的重要性。但是，請設身處地想一想，容貌醜陋的人會有什麼感覺！他是非常

不幸的。也許他是不同種族的混血兒，沒有吸引人的外貌，或遭受社會的偏見。

如果這一類的孩子長得很醜，他的整個生命都承受著重擔，他甚至沒有我們每個人都喜歡的東西，及歡樂美好的兒童時代。

但是，如果用正確的方法來善待這些孩子，他們是全部都會發展出社會興趣的。還有一個有意思的事實是，在罪犯之間，有時候我們也會發現英俊瀟灑的男孩或男人。如果前一類型的人，可以被認為是不良遺傳的犧牲品，天生就帶有身體上的缺陷——如殘手、兔唇等等，對這些英俊的罪犯，我們又該怎麼說呢？

其實，他們也是生長在一個很難發展出社會興趣的情境裡：他們是被寵壞的孩子！

＊罪犯的兩種類型

你會發現，罪犯可以區分成兩種類型——

有一種人不知道世界上還有所謂的同胞之愛，對它也完全沒有經驗。這種罪犯對別人有一種敵意的態度；他的外貌充滿敵意，並且把每一個人都當做敵人看待。因此，他根本不能發現有人欣賞他。

另一種類型是被寵壞的孩子。在犯人的埋怨中，我們經常可以發現他們斷言：「我會有今天的下場，

都是因為我母親把我寵壞了。」

對這一點，我們應該再詳加討論，但是我們之所以在這裡提起它，只是要強調，儘管罪犯所受的教養和訓練都不相同，他們卻都沒有學會合作之道。

父母可能也想把他們的孩子教育成良好的公民，可是他們卻不知該從什麼地方下手。如果他們整天板著臉、吹毛求疵，一定不會成功。如果他們嬌縱他，讓他成為舞台上的主角，他就會只因他的存在就覺得自己很重要，而不願意作任何有創造性的努力，以博得同類們的讚揚。

因此，這種孩子會失掉奮鬥的能力，他們一直希望有人注意他們，也一直期待著某些事情的到來。如果他們找不到可以滿足他們的簡單方法，他們就會開始譴責環境。

現在，讓我們來研究幾個個案，看看我們是否發現阿德勒所提的各點，儘管這些個案的內容並不是為這個目的而寫的。

＊少年犯約翰

我們要討論的第一個個案，要從雪爾頓（Shedon）和幾利克（Eleanor T. Glueck）合寫的《五百罪犯生涯》一書中選出來的，是「百煉金剛約翰」的個案。

這個男孩檢討他的犯罪生涯的由來時，說：

「我從沒有想到我會這樣自甘墮落。一直到十五、六歲，我和別的孩子都是一模一樣。我喜歡運動，也從圖書館借書來看，生活井井有條。後來，我的父母讓我退學，要我去工作，並且把我的薪水全部拿走，每個禮拜只給五角錢。」

這些話都是他的控訴。如果我們問他和父母之間的關係，如果我們能看到他的整個家庭情境，我們就能發現他真正經驗到的是什麼。目前，我們只能斷定，他的家庭是不太和諧的。

「我工作了將近一年，然後我開始和一個女孩來往。她很喜歡玩。」

在罪犯的生涯中，我們經常發現 —— 他們把感情寄託在一個喜愛玩樂的女人身上。

請回想一下，我們所提過的 —— 這是一個合作程度的問題考驗。他和一個喜好玩樂的女孩子來往，可是他每星期卻只有五角零用錢。我們不認為他這樣做，真的能解決愛情問題。他應該知道，天下還有許多其他女孩子的。

在這種情況下，如果是我，我會說：「如果她性喜玩樂，那麼她就不是我想要的女孩子！」可是，每個人對生活中什麼東西最重要的估計，卻是各不相同的。

「這年頭，只憑一個禮拜五角錢，你是根本不能讓女孩子玩得痛快的。老爸又不肯多給我一點。我難過得很，心裡總是想 —— 我要怎麼樣才能多賺一點錢？」

常識會告訴他：「你應該更加努力，多賺一點錢。」但是他卻想不勞而獲，來討好這個女孩子，來使自己高興，其實都不管了。

「有一天我遇見了一個人，很快我們就混熟了。」

遇見陌生人是對他的另一次考驗。有正常合作能力的男孩子，是不可能被誘動心的。但是這個孩子的處境，卻很可能使他接受誘惑。

「他是『老大』，換句話說，就是資格很老的竊賊。他聰明能幹，精於此道。而且肯和你分享成果，又不會用卑鄙手段害你。我們一起幹了幾票生意，都順利得手了。以後我就很熟練了。」

我們還聽到，他的父母有一棟他們自己的房子。父親是一家工廠的領班，只有週末才能全家團聚。這個男孩是家裡三個孩子之一；在他誤入歧途之前，他們家裡從沒有人有犯罪的記錄。

不知道主張遺傳的科學家，對這個個案會有什麼樣的解釋。

他還承認，他在十五歲時，便開始和異性發生關

係了。我敢斷言這些人一定會批評他好色。但是這個孩子對別人並沒有興趣，他只想使自己快樂。

縱情色慾是任何人都能做到的，它並沒有什麼困難。這孩子就是想在這方面，尋求別人的欣賞，他想要成為征服異性的英雄。

十六歲時，他和一個同伴因為侵入私人住宅行竊而被補了。他在別的方面的興趣，也能證實我們所說的各點。

他希望在容貌上壓倒別人，以吸引女孩子的注意。他替她們付錢，希望能贏得她們的芳心。他戴著一頂寬邊帽，領部繫著一條紅色的大手帕，皮帶上插著一把左輪槍，並取了一個西部狂蕩之徒的外號。

他是個虛榮心很強的男孩，想要表現出英雄作風，但又沒有其他方法。控訴他的各種罪名，他全部都一口承認了：「其他的還多得很呢！」他完全不顧及別人的財產權利。

「我不認為生命有什麼活下去的價值。對於一般人所謂的人道，我除了最徹底的輕蔑外，就一無所有了。」

這些意識的思想，其實全部都是潛意識的。他不了解它們，他也不知道它們連貫起來後的意義是什麼。他覺得生命是一種負擔，但是他卻不明白自己為什麼這麼氣餒。

「我學會不相信別人。大家都說賊不互偷，其實沒這回事。我曾經有個夥伴，我對他仁至義盡，他卻在暗中害我！」

「如果我有了足夠的錢，我也會像平常人一樣正直的。我的意思是說，我要有足夠的錢可以任意花用，而不必工作。我不喜歡工作。我極其討厭，以後我也絕不工作。」

我們可以把這最後的一點闡釋如下：

「該對我誤入歧途負責的，是壓抑。我強迫著要壓抑下自己的希望，結果才成了罪犯。」這一點，是值得深思的。

「我從來沒有存心要犯罪過。每當我開車到某一個地方去的時候，自然就有某些東西來挑動你，讓你心癢難熬，結果只好把那東西拿走了。」

他相信這是英雄行徑，絕不承認它是一種懦弱的表現。

「我第一次被補時，身邊還有價值四千元的珠寶。但是我實在想不出有什麼事，是比找女朋友更痛快的。所以想賣點現金去看她，結果他們就抓到我了。」

這種人在他們女友身上大把的花錢，輕易地贏得了她們的好感。不過他們都認為這是一種真正的勝利。

「監獄裡有各種學校，我要在這裡盡我所能地接受教育——我不是要洗心革面，而是要讓自己成為社會上更厲害的人物！」

　　這種態度表現出對人類的極度痛恨。不僅如此，他根本是不要人類的。他說：

　　「如果我有孩子的話，我一定要殺死他！你想，我會罪惡深重到把一個人帶進這世界裡來嗎？」

　　現在我們應該怎樣感化這樣的人？除了設法增進他的合作能力，並讓他證明自己對生活估計的錯誤所在以外，便別無它法了。

　　我們只有在追溯出他兒童時代最早的誤解時，才能設法說服他。在這個個案中，我們對這方面一無所知。它並未描述到我們所認為的重要之點。如果一定要我們來猜測的話，我們可以猜他是長子，最初像平常長子一樣地受到寵愛，以後，因為另一個孩子的出生，使他覺得權位盡失。如果我們的猜測正確，就可以發現諸如此類的小事，都可能妨礙到合作的發展。

　　約翰還說，當他被送到工業感化學校後，在那裡受盡了虐待，離開時，心裡充滿了對社會的強烈仇恨感。

　　對這一點，我們必須說幾句話。

　　從心理學家的觀點，監獄中的粗暴待遇就是一種挑戰。它是對強韌性的考驗，同樣地，當犯人們不斷

聽到「回頭是岸，重新做人」時，他們也會把它當做是一種挑戰。

他們要成爲英雄，因此他們非常樂於接受這一類的挑戰。他們把它看成一種比賽，他們覺得社會在挑逗著他們，他們必須很堅強地撐到底。

如果一個人以爲他正和全世界作戰，還有什麼事比挑戰能激起他的怒火？

在問題兒童的教育裡，誘導他們挑戰也是最大的錯誤之一：「我們看看誰比較強！我們看看誰撐得久！」

這些兒童和罪犯一樣，都沉迷在要成爲強者的觀念裡。如果他們夠聰明的話，他們也會知道自己是可以脫離掉這種觀念的。

管教所裡常常對犯人提出種種挑戰，這是最惡劣的政策。

＊ 謀殺犯的日記

現在我們想給讀者看的是一個謀殺犯的日記。

他因爲這個罪名，已經被處以極刑了。他殘酷地謀殺了兩個人，在犯案之前，他把自己的意圖都寫了下來。

這部日記給了我們一個機會，讓我們能描述在罪犯心中進行的計劃。

沒有哪個人在犯罪之前是沒計劃的，在計劃之時，他們對自己的行為，必然會找出一個合理的解釋。在這一類的自白書中，我們從沒發現過，把自己的罪行描述得簡單明瞭的例子，也從沒有發現過不想替自己行為辯解的犯人。

　　在這裡，我們可以看出社會感覺的重要性。即使是罪犯，也會想和社會感覺和諧一致。同時，他還要準備消滅社會感覺，在他犯案之前，要首先突破社會感覺的厚牆。

　　因此，在杜斯妥也夫斯基（Dostoievsky）的小說中，拉斯科爾尼科夫（Raskolnikov）躲在床上兩個月，考慮著他是否該去犯一項罪行。終於他用這種想法鼓起了勇氣：「我是拿破崙，還是一隻蝨子？」罪犯們經常用這一類的想像來欺騙自己、刺激自己。

　　其實，每個罪犯都知道，他不是過著有用的生活。他也知道生活中有用的一面是什麼。但是由於懦弱之故，他卻對它置之不理。他之所以懦弱，是因為他缺乏成為有用的能力：生活的問題，都是需要和人合作才能解決的問題，可是他對合作之道卻一竅不通。以後，罪犯會想解脫掉他們的負擔，他們會尋找一些藉口來掩飾自己的行徑。例如生病、失業等等。

　　下面都是從這部日記裡摘錄出來的句子：

　　「認識我的人都背離我了，我討人厭，我惹人

煩，我是眾人侮辱的目標。我的大不幸幾乎要把我毀滅無餘。沒有什麼東西值得我留戀的，我覺得我無法再忍受下去了。我應該聽天由命，任人宰割，可是吃飯的問題怎麼辦呢？肚皮可是不聽指揮的啊！」他開始在找尋脫身之詞了。

「有人預言我會死在絞刑架上。但是話又說回來，餓死和死在絞刑架上又有什麼區別呢？」

在一個個案裡，有個母親對他的孩子預言說：「我知道有一天你一定會絞死我！」當他十七歲的時候，果然絞死了他的母親。預言和挑戰是有同樣作用的。

「我顧不得後果了。無論如何我總要死的。我一無所有，別人也拿我無可奈何。既然我想要的女孩子都避而不見了⋯⋯」

他想要勾引這個女孩子，可是他既沒有體面的衣物，又沒有錢。他把這個女孩子看成是一宗財產，這就是他對於愛情和婚姻問題的解決方法。

「我也只好拿出同樣的手段，設法把她抓來當奴隸，否則我就徹底滅亡！」

這種人都喜歡採取激烈的極端主義。他們像小孩子一樣，或者得到每一樣東西，或者什麼東西都拋棄。

「星期四我就孤注一擲了。祭品也已經選定，我

在靜靜地等著時機的到來。當它來臨時，將是件沒有人管得了的事。」

他是自己心目中的英雄：

「那件事一定慘絕人寰，不是每一個都做得出來的事！」

他帶了一把小刀，殺死了一個大驚失色的人。這真不是每一個人都做得出來的事！

「像牧羊人驅趕羊群一樣，肚子也驅趕著人們去做最黑暗的罪行。可能我再也看不到太陽升起來了，不過我不在乎。最可怕的事情就是飢餓的痛苦。我已經受夠這種痛苦的煎熬了。最後的苦惱，將是接受他們的審判，犯了罪當然要付出代價，不過死亡總比挨餓好。如果我餓死了，沒有人會注意到我。可是，現在有多少人會注意到我！也許有些人還會為我一灑同情之淚。我已經下定決心了，我必須幹！沒有一個人像我今夜如此徬徨、如此害怕過。」

畢竟他不是如他自己所想像的英雄！在審訊時，他說：

「雖然我沒有擊中他的要害，我還是犯了謀殺罪。我知道我是註定要陳屍在絞刑架了，遺憾的是別人穿的衣服都那麼漂亮，而我一輩子也沒穿過像樣的衣服。」

他不再說飢餓是他的動機了，現在他關心的倒是

他的衣服。

「我不知道我到底做了什麼事。」他辯解著。辯解的方式內容或有所不同，但是他們總會來這麼一手。

有時候，罪犯在犯案以前會先喝酒，以先推卸責任。這些都證明了他們要如何努力，才能突破社會感覺的厚牆。在每一件對犯罪生涯的描述中，我們相信阿德勒都能指出我們所提出的各點。

＊罪犯的生活風格

現在，我們面臨真正的問題了，我們該怎麼辦呢？如果我們的說法正確，在每件犯罪生涯中，我們都能看到缺乏社會感覺又沒學會合作之道的人，在追求著虛假的個人優越感，我們又該怎麼辦呢？

對待罪犯就像對待精神病患者一樣，除非我們在贏得他們合作一事上能獲得成功，否則我們將一籌莫展。然而，我卻不能過分強調這一點。如果我們能使罪犯對人類的福址產生興趣，如果我們能使他們對其他人感到興趣，如果我們能教會他們，用合作的方法來解決生活的問題，那麼什麼問題都沒有了。如果我們做不到這些點，我們就什麼事也辦不了。

這項工作，並不像它看起那麼簡單。我們不能讓他做簡單的事情來爭取他，當然我們更不能要他，做

他做不了的艱難事情。我們也不能指出他的錯誤，並和他發生爭辯，他的意志是很堅強的。他用這種方式來看這個世界，已經有許多年了。如果我們要改變他，我們必須找出他行為模式的根基。我們必須發現他的失敗，是從什麼地方最早開始的，以及造成這種失敗的環境。

他人格的主要形成，在四、五歲的時候就已經決定了；他在罪犯生涯中，表現出來的對自己和對世界估計的錯誤，也是在這個時候造成的；我們必須加以了解和糾正的，也就是這些原始的錯誤。因此，我們必須找出他的態度最初的起源。

以後，他會把經驗到的每一件事情，都用他的態度來加以解釋。如果他的經驗和他的態度不十分符合，他會加以沉思、回味，直到其形狀面目全非為止。

如果有個人有這種態度：「天下人都在侮辱我、虧待我。」我們就會發現許多能使他信心更加堅定的證據。他會拼命搜尋這一類的證據，對另一方面的證據則視而不見。

罪犯只對他自身和自己的觀點感到興趣，他有他自己觀看和傾聽的方式，我們常常可以看到，他對和他自己生活解釋不一致的事物，一概不予注意。因此，除非我們能獲知他各種解釋背後的意義，和他各

種觀點的成因，並發現他的態度最初開始的方式，否則我們就無法說服他。這就是嚴刑厲罰總不生效的原因之一。罪犯會把它看做是社會充滿敵意和不可能與它合作的證據。這一類事情可能是在學校遭遇到的，他會因此而拒絕合作，結果不是成績每況愈下，就是在班上搗蛋不停。因此，他會再受到責備和懲罰。

可是，這樣就能鼓勵他和別人合作嗎？不會的，他會對這個情境更感到失望，覺得大家都在和他作對。有什麼人會對一個經常可能受到責備和懲罰的地方培養出興趣呢？在這種情況下，孩子會信心全無，他對學校的工作、老師、同學再也不會感到興趣。他會開始逃學，四處遊蕩，尋找隱匿之所，以免被發現。在這些場所，他會找到一些和他有同樣經驗、又走上同樣道路的孩子。

他們了解它，他們不但不責怪他，反倒恭維他，並燃起他的野心，讓他把希望寄託在生活中無用的一面上。當然，因為他對社會的生活要求不感興趣，他把他們當作他的朋友，並把一般的社會當做敵人。這批人很喜歡他，他和他們相處也覺得自在多了。

就這樣，許許多多的孩子加入了犯罪集團，如果在以後的生活中，我們也以同樣的方式對待他們，他們會拿它當做新的證據，認為我們都是他的敵人，只有罪犯才是他的朋友。

這種孩子是完全不應該被生活的考驗擊垮的。我們不應該讓他們喪失希望。如果我們在學校中，能培養孩子們的自信和勇氣，我們便能很容易地防止這一點。以後，我們將對這種主張作更詳盡的討論；現在我們只是利用這個例子來說明，罪犯如何一貫地把懲罰，解釋為社會和他作對的象徵。

* 反抗社會

嚴刑峻罰的不生效果，還有其他原因。

有許多罪犯並不十分珍惜他們的生命。他們之中有些人在生命的某些時刻，幾乎是在自殺邊緣徘徊。嚴刑峻罰根本嚇阻不了他們。他們沉迷在想擊敗警察的欲望裡，一心一意地要證明警察對他們無可奈何。

他們把很多事物都當做是挑戰，這就是他們對這些挑戰的反應之一。如果獄吏嚴格苛刻，如果他們受到刻薄的待遇，他們必然會拼死抵抗到底。這樣做只會增加他們想比警察技高一籌的決心。

他們對每一件事情，都是按照這種方式來解釋的。他們把他們和社會的接觸，看做是一種連續不斷的戰爭，竭力想在其中獲得勝利；如果我們也抱同樣的看法，那是正中其下懷。即使是電椅，也可以作為這一類的挑戰。

罪犯們以為他們是在賭博，賭注愈高，他們想表

現自己技藝超群的欲望愈強烈。有許多罪犯之所以犯罪，都只是爲了這個原因。被判處極刑的犯人，經常會懊悔他們爲什麼沒能逃過警探的耳目：「我要是沒掉下那塊手帕就好了！」

＊母親的重大責任

我們唯一的補救方法，就是找出罪犯在兒童時期所遭受到的合作障礙。在這裡，個體心理學爲我們在這片黑暗大陸上，投下了一片曙光，我們可以看得比較清楚了。

在五歲左右，兒童的心靈就成爲一個整體，他人格的許多脈絡都匯聚在一起了。遺傳和環境對他的發展也會有所影響；但我們對孩子帶了些什麼東西到這世界上來，以及他所遭遇到的經驗，並不十分關心，我們注意的是他利用它們的方式，他對它們有什麼看法，以及他因爲它們而達到的成就。了解這一點是相當重要的，因爲我們對遺傳的能力或無能，其實是一無所知的。我們必須考慮的，是他所處情境的各種可能性，以及他把它們運用到何種程度。所有的罪犯尚可挽救的餘地，是他們還有某種合作的程度，不過卻不足以適應社會生活的要求。

對這一點應負最大責任的是母親，她必須知道如何擴大這種興趣，如何把她的興趣擴大，直到轉成對

別人的興趣。她必須以身作則，讓孩子對全人類和自己的生活產生興趣。

但是，也許這位母親不願意讓她的孩子，對任何其他人感到興趣。她的婚姻可能不很美滿，例如雙方家長不同意，夫妻倆正考慮要離婚，或他們彼此妒嫉對方等等。因此，她可能希望自己能完全保有這個孩子，她寵愛他、嬌縱他，不願意讓他脫離自己而獨立，在這種情況下，合作的發展自然是很有限的。

對別的兒童的興趣，對於社會興趣的發展也是非常重要的。

有時候，一個孩子若是成了媽媽的心肝寶貝，別的孩子就不大願意和他交朋友。當他對這種情況發生誤解時，它就很容易成為犯罪生涯的起點。如果家庭中有一個傑出的天才，緊跟在他前後的孩子，經常會成為問題兒童。

例如，次子長得很討人喜歡的時候，他的哥哥就會覺得自己光彩盡失。這種孩子很容易用自己遭到忽視的感覺，來欺騙自己、沉迷自己。他會到處尋找證據，來證明他的觀點的正確。他的行為開始反常，他因此受到嚴厲的管束，結果他更相信自己是坐上冷板凳了。

由於他認為受到別人的剝削，他會開始偷竊；被發現後，又飽受懲處，這樣一來，他不被人所愛以及

人人都在和他爲敵的證據就更多了。

當父母在子女面前抱怨生活艱難、世道險惡時，他們也會妨礙其社會興趣的發展。如果他們總是指責他們的親戚或鄰居，老是批評別人，並顯露出對別人的惡意和偏見，也會發生同樣的事情。

無疑的，這種家庭的孩子們長大後，對其同胞的爲人，會產生出歪曲的看法，如果他們因此轉而反對他們的父母，我們也不必感到驚訝。

一旦社會興趣受到阻礙，剩下來的就只有自私的態度了。這種孩子會覺得：「我爲什麼該替別人效力？」而且，當他用這種態度無法解決生活問題時，他會猶疑不決，並找尋能使自己下台脫身之辭。他會認爲和生活搏鬥是相當困難的事，如果他傷害了別人，他也毫不在意。既然這是一場戰爭，那麼使出什麼手段都是無可厚非的！

從下面的幾個例子中，我們可以找到罪犯的發展模式。

* 失敗的競爭者

在一個家庭裡，第二個兒子是問題兒童，在我們所知的範圍內，他身體十分健康，也沒有遺傳性的缺陷。他的哥哥是家裡的寵兒，他一直像在參加一項比賽要打敗對手一樣，時時想趕上他的成就。他的社

會興趣完全沒有發展出來——他對母親的依賴非常之深，並且想盡其所能的向她索取每一樣東西。

在和他的哥哥競爭時，他覺得非常棘手，他的哥哥在學校總是名列前茅，而他自己則是班上最後幾名。他想要控制別人的欲望是非常明顯的，他在家中總是對一位老女僕發號施令，讓她忙得團團轉，並且像士兵一樣地訓練她。這位女僕很喜歡他，因此在他二十歲的時候，她仍然讓他過著扮演將軍的癮。

他一直對他必須完成的工作心存憂慮，但同時卻總是一事無成。當他經濟困難時，就向他母親開口要錢，雖然難免要受她的批評和指責，不過到底還是能如願以償。

他突然要結婚了，他的困難也更為增加。可是，他所關心的只是要趕在他哥哥之前結婚，他把結婚視為他的一大勝利。由此可見，他對自己的估計實在太低了——他只想在這類微不足道的小事上佔上風，他根本還沒做好結婚的準備，所以夫妻倆就時常吵架。當他的母親不能像以往一樣的資助他時，他訂購了一架鋼琴，轉售掉後又付不出錢，結果便吃上官司，鋃鐺入獄。

在這段歷史中，我們在他童年時代便看到了他以後行徑的基礎。他在哥哥的陰影下成長，就像一株小樹被大樹奪去了陽光一般。他有著各種印象，認為他

和出盡風頭的哥哥相比之下，是受到太多的輕侮和忽視。

另一個例子，是一個野心勃勃而又受父母寵愛的女孩子。

她有一個深為她所妒嫉的妹妹，不論是在家裡或是在學校，她的敵意都很明顯地流露出來。她一直很注意她的妹妹較受偏愛的證據，例如獲得較多的金錢或糖果等等。

有一天，她偷了同學的錢被發現了，並且受到處罰。幸好，阿德勒有向她解釋前因後果的機會，她也因此擺脫了她無法和妹妹一較長短的觀點。同時，阿德勒也向她的家庭解釋這種情況，他們同意避免再造成妹妹較受偏愛的印象，以消除這種敵意。

這是二十年前的事了，現在這個女孩子已經結婚生子，成了很有聲望的名人，從那次以後，她在生活中再也沒犯過重大的錯誤。

我們已經考慮過對兒童的發展極其危險的各種情境，總而言之，我們之所以要強調它們，是因為如果個體心理學的發現正確，那麼我們就必須先認清這些情境對罪犯觀念的影響，才能真正幫助他參加合作活動。

✱ 容易走上歧途的三類人

容易產生特別困難的三類孩子 —— 第一是身體有缺陷的孩子，第二是被寵壞的孩子，第三是容易受到忽視的孩子。

身體有缺陷的兒童，覺得自己被自然剝奪了天賦的權利，除非他們對別人的興趣，受到特殊的訓練，他們總是比平常人更關心自己。他們尋求著控制別人的機會。曾經有一個個案，一個男孩因為追求女友遭到拒絕而覺得受到侮辱，結果竟唆使一個年紀比他小而且又比他笨的男孩子去刺殺她。

被寵壞的男孩子，心理總是牽繫在寵愛他們的母親身上，他們無法把興趣擴展到世界的其他部分。沒有哪個孩子是完全被棄置不顧的，若是如此，他必定連嬰孩期的第一個月都無法度過。但是，在孤兒、私生子、棄嬰和殘障兒童之間，我們也發現了許多自稱為受到忽視的兒童。

因此，罪犯可以分為兩種主要類型 —— 醜陋而被輕視以及英俊而被寵壞的。其原因，便不難了解了。

阿德勒在他自己接觸過的罪犯之間，以及在報章書籍讀過的對罪犯的描述之中，找出罪犯的人格結構。他發現，個體心理學的主要概念，能讓我們對這個情況有所瞭解。

下面，我們要從費爾巴赫（Anton von Feuerbach）

所著的一本古老德國書中選出幾個例子，來作更進一步的說明。這些故事中，我們可以看到犯罪心理學的最佳描述。

＊殺父的少年

康拉德（Conrad K.）的個案——他和一個工人合力謀殺了他的父親。

他的父親一向輕視這個孩子，待他殘暴不仁。並把整個家庭搞得雞犬不寧。有一次，這個孩子還手打他，他就把孩子帶上法庭。法官對孩子說道：「你的父親太惡劣了，實在是沒辦法！」

請注意，這位法官的話已經種下了禍因。這個家庭想盡方法，要改變父親的劣根性，但總是無計可施。後來，發生了一件令他們失望的事。這位父親把一位聲名狼藉的女人帶回來同居，並且把他的兒子趕出了家門。

這個孩子結識了一個工人，他對孩子的處境極表同情，並勸他殺掉父親，以絕後患。他因為母親之故而猶疑不決，但是家中的情況如同江河日下，一天不如一天。

經過長期的考慮之後，他終於同意了，藉著這個工人的幫助，他殺死了父親。在這裡，我們看到這個孩子，甚至不能把他的社會興趣，擴展到父親身上，

他仍然依戀著母親，並且非常尊敬她。在他毀滅掉這些殘餘的社會感覺之前，他必須先找出脫身之詞，以減輕自己的罪狀。當他從這個工人之處獲得支持，憑著一股怒氣，他才下定決心犯下罪行。

＊醜陋的女毒犯

瑪格麗特・史文眞格（Margaret Zwanziger），外號稱爲「毒藥女死神」。

她是在孤兒院長大的兒童，外表瘦小醜陋；因此，她就像個體心理學所說的，她曾經三次試圖毒死別的女人，希望能佔有她們的丈夫。她覺得她們奪去了她的情人，除此之外，她就想不出其他的方法來奪回她失去的東西。

她假裝懷孕、企圖自殺，以獲得這些男人的關懷。在她的自傳裡（有許多罪犯都以撰寫自傳爲樂），她寫道：

「我每次做了壞事以後，都會想：『沒有人曾經爲我悲哀過，我爲什麼要對他們的不幸感到悲哀呢？』」

但是她卻不了解自己爲什麼會這麼想。這可以作爲個體心理學對潛意識觀點的證據。

在這些文字裡，我們可以看出她如何唆使自己去犯罪，並找出自我安慰的脫身之詞。當我們主張要合

作並培養對別人的興趣時，總會聽到這一類的說法：
「可是別人對我並沒有興趣呀！」

　　阿德勒的回答是：「反正一定要有人先開頭的，如果別人不肯合作，那並不是你的事。我的看法是由你自己先開頭，不必管別人合作不合作！」

＊殺死弟弟的性病患者

　　N.L.，長子，教養不佳，跛一腳，以兄代父職，管理他的弟弟們。

　　這種關係也是一種優越感目標，乍看之下，它似乎是屬於有用的一面。然而，它也可能是一種驕傲及炫耀的欲望。以後，他把母親趕出家門去行乞，並且罵道：「滾你的蛋吧！老狗！」

　　我們真要為這個孩子感到悲哀，他甚至連他的母親都不感興趣了。如果我們從他孩提之時就知道他，我們就可以看出他是如何向犯罪生涯發展的。

　　他失業了很長一段時間，沒有錢，又染上了性病。有一天，在求職不著、回家的途中，他為了要奪取弟弟的微薄收入，和他發生爭執，而殺死了他。這裡，我們看出了他合作的極限 —— 失業，沒有錢，又加上性病。每個人都有這類的限度，超出了這個限度，他就覺得再也難以為繼了。

＊從孤兒到騙子

一個最初是孤兒的孩子，被一位母親收養了，她嬌寵他到了令人難以置信的程度。因此他就成了一個被寵壞的孩子。

他以後的發展非常惡劣，他熱衷於爭鬥，不斷地想高人一等，並給人深刻的印象。他的養母鼓勵他，並且愛上了他。結果他變成了騙子和詐騙大師，不擇手段地騙錢。他的養父母是貴族的後代，他也裝出貴族的派頭，花光了他們的錢，並將他們逐出了他們的房子。

不良的教養和嬌縱，使他不務正業，他認為要克服生活困難的唯一途徑，就是撒謊和欺騙。這使得每個人都成了他所要欺騙的對象。他的養母寧可愛他，不要自己的丈夫和孩子。這種待遇使他覺得他有獲得每樣東西的權利。但是，他認為自己無法用正當的方法來獲得成功，又顯示出他對自己的過分低估。

我們已經指出，任何孩子都不應該受到這種令人氣餒、而且對合作又毫無好處的自卑感之害。

在生活的問題之前，並沒有哪個人是註定要被擊敗的，罪犯都採用了錯誤的方法，我們必須向他指出他是在什麼地方，為什麼採用這種方法。同時，我們還要鼓勵他對別人發生興趣，並且和別人合作。

如果大家都完全認清，犯罪是懦弱而非勇敢，罪

犯最大的自圓其說，就再也站不住腳，而且再也沒有小孩子願意在未來走上犯罪之途。

在所有的罪犯個案裡，不管對它們的描述是否正確，我們都能看到兒童時期錯誤生活風格的影響，這種風格都表現出缺乏合作的能力。

＊救治之道——合作之道

合作的能力是必須加以訓練的，它是否由遺傳而來，根本不應成為問題。當然，合作的潛能是天生的，但是每個人都有這種潛能，要使它發展出來，必須加以訓練和練習。

關於犯罪的其他觀點都是多餘的，除非我們能造出精通合作之道而且犯罪的人。防範犯罪的最佳方法，就是適當程度的合作。只要這一點未被認清，我們就無法期望能避免犯罪的悲劇。

教孩子合作，就像教他們地理課一樣，因為它是一種真理，真理必然是可以傳授的。不管是成人還是兒童，如果他沒有充分準備，就去接受地理考試，他必然會遭到失敗。同樣的，不管是成人還是兒童，如果沒有充分準備，就到一個需要合作知識的情境去接受考試，那麼他也會一敗塗地。

我們的各種問題，都是需要合作的知識的。我們對於犯罪問題的科學探討，已經到達結束階段，現在

我們必須鼓起勇氣，面對現實。

　　人類已經過了千萬年，仍然找不出應付這種問題的正確方法。曾經被採用過的方法，似乎都不生效果，而這種悲劇也依舊緊緊伴隨著我們。我們的研究已經找出這種現象的原因是，我們從未採取步驟，來改變罪犯的生活風格，並預防錯誤生活風格的發生。缺少了這些，任何方法都不會產生真正效果。

　　讓我們重新回憶一下我們的觀點。我們已經發現，罪犯並不是特別的人類，他和其他的人都一模一樣，他的行為也是人類行為合理的演變。

　　我們發現，罪犯都已經用不合作的思想和行為，把自己訓練了很長的一段時間，這種缺乏合作的根基，可以追溯到最早的兒童時期，大約四、五歲的時候。在這段期間，他對別人興趣的發展發生了阻礙。我們已經提過，這種阻礙和他的母親、父親、同伴、周圍的社會偏見以及環境的困難等等因素之間的關係。

　　在形形色色的罪犯之間，在各種不同的失敗者之間，他們最主要的共同點，就是缺乏合作精神，缺乏對別人以及對人類福祉的興趣。如果我們想要有點作為，就必須培養我們的合作能力。除此之外，別無他途。每件事情都依賴合作能力這個因素。

　　罪犯和其他的失敗者有一點不同之處。雖然他在

長期反抗合作之後，已經像其他人一樣地，失去了在正常生活工作上，獲取成功的信心，但是，他還保有某些活動，只是這些活動，都被他投向了生活中負面的方向。他在這些負面的方向上非常活躍，而且在這方向他也能和他自己相同類型的罪犯互相合作。

這一點他和精神病患者、自殺者、酗酒者都不相同。然而，他的活動範圍卻非常有限，有時候他活動的可能性就只有犯罪；有些罪犯甚至一次又一次的犯下同一種罪行。

這是他活動的世界，他把自己禁錮在這狹小的天地裡。在這些環境之中，我們可以看出他到底喪失了多少勇氣。他是必定會喪失勇氣的，因為勇氣只是合作能力的一部分而已。

*隱秘的自卑情結

罪犯日夜都在準備著犯罪工作所需要的思想和情緒，他白天計劃，夜晚則做夢以清除殘餘的社會興趣。

他一直在找尋著能減輕犯罪感的脫身之詞，以及迫使他不得不犯罪的原因。要擊破社會感覺的厚牆，並不是很容易的事，它具有相當大的抗拒力。

但是假如他計劃要犯罪，他總是要想出一個辦法 —— 也許是回憶他所受過的冤屈，也許是培養憤

恨的情緒——來克服這種障礙。這能幫助我們了解，他為什麼不斷地在尋找對環境的解釋，以堅定他的態度，也能幫助我們了解，和他辯論為什麼總是一無所獲。

他以自己的眼光在看世界，他對自己的論點已經準備了非常之久。除非我們能發現他的態度是如何發展出來的，否則我們就不能期待能使他改變。

然而，我們卻具有一項他無法抗衡的利器，那就是我們對別人的興趣。它可以讓我們找出真正能夠幫助他的方法。

罪犯在開始籌劃犯罪時，都是當他身處困境、沒有勇氣以合作的方式來面對它，卻又想找出輕易的解決方式之時。

這種情況，特別容易發生在譬如他需要錢用的時候。像所有的人一樣，他也在追求著安全感和優越感的目標，他也希望解決困難、克服障礙。

但是，他的追求卻落在社會的框架之外，他的目標，是想像出來的個人優越感目標，他獲得這種目標的方法，是設法使自己覺得自己是警察、法律和社會組織的征服者。破壞法律、逃避警察、逍遙法外——這些都是他和自己在玩的把戲。

比方說，當他使用毒藥害人的時候，他會相信這是他個人的巨大勝利，而且他會一直這樣欺騙自己、

麻醉自己。他在初次落入法網以前，通常都已經得手過很多次，因此他在東窗事發時的想法大概多是：「如果我再聰明一點，我就逃過去了！」

從上面所述的各點，我們可以看出他的自卑情結。他逃避著勤奮的情境，以及必須和別人發生聯繫的生活。他覺得自己的能力，不足以獲得正常的成功。他不肯和人合作的習性，會增加他的困難，因此大部分的罪犯，都出自非技術性的勞工。

他發展出一種毫無價值的優越感，來隱藏自己的自卑情結。他一直在想像，自己是多麼的勇敢，多麼的出類拔萃，但是我們能夠把一個生活中的逃兵稱為英雄嗎？罪犯其實是生活在醉夢裡的，他根本不知道現實為何物，他必須盡力使自己不要面對現實，否則他就非放棄他的犯罪生涯不可。

因此，我們會發現他在想：「我是世界上最偉大的強人，那個人我看不順眼，我就可以打死他！」「我比任何人都聰明，因為我幹了壞事，仍然能逍遙法外！」

我們也已經看到了，在生活早期心理負擔過重的兒童，和被寵壞的孩子如何走上犯罪之途。身體有缺陷的兒童，需要特別的照顧，把他們的興趣引導到別人身上。被忽視的兒童、不受歡迎、不被欣賞或討人厭的兒童，也都處於類似的情境，他們沒有和別人合

作過的經驗，他們也不知道合作能夠讓他們受人喜歡、贏取別人的情感並解決問題。

被寵壞的孩子從來沒有人教過他，要憑自己的力量來獲得東西，他們以為只要開口要求，這個世界就會急著來迎合他的需要，如果別人不能聽憑他的要求，他就會覺得別人待他不公而拒絕合作。在每個罪犯的背後，我們都能追溯出諸如此類的歷史。他們沒有受到合作的訓練，他們沒有合作的能力，每當他們遇到問題的時候，他們也不知道如何應付才好。因此，我們知道我們該做的事就是，訓練他們的合作之道。

我們已經有了充分的知識，而且，到目前為止，我們也已經有了足夠的經驗。個體心理學已經告訴我們，如何改變每一個罪犯。

*矯正失誤的生活風格

但是，請想想看，如果要找出每一個罪犯，給予個別的矯正，以改變其生活風格，那是件多麼艱巨的工作！很不幸地，在我們的文化裡，大部分的人在他們的困難超過某一限度之後，合作的能力就蕩然無存了。結果在經濟不景氣的時代，犯罪案件大量增加。

如果我們要用這方式來撲滅犯罪，我們就必須矯正人類種族的一大部分。要立竿見影地把每一個罪犯

或潛在性罪犯，都改造成循規蹈矩的人，是絕對無法辦到的。

但是，我們還有很多可以做的事情。即使我們不能改變每一個罪犯，我們也能夠採納某些措施，來減輕其不足以應付生活問題的負擔。例如，關於失業和缺乏職業訓練等問題，我們應該設法使每個願意工作的人都能獲得職業。這是降低社會生活的要求，使大部分人類不致喪失最後合作能力的唯一辦法。

無可置疑的，這一點如果做到了，犯罪案件必然會減少。我不知道我們的時代，是否能夠使人不受經濟問題的困擾，但是我們卻應朝這個方向努力前進。

我們還應該給予孩子較好的職業訓練，使他們能較妥善地面對生活，並擁有較大的活動空間。在這方面，我們已經有了相當的成績，目前該做的，只是再加強我們的努力而已。雖然我們不可能對每一個罪犯施予個別矯正，卻能以集體矯正來幫助他們。

比方說，我們可以和許多罪犯討論社會問題，正如我們在這裡考慮這些問題一樣。我們可以問問題讓他們來回答，我們應該開拓他們的心靈，使他們從迷夢中驚醒過來；我們應該使他們拋棄掉他們對世界的個人誤解，以及他們對自己能力的過分低估，我們應該教導他們不要限制住自己，並消除他們對必須面臨的情境和社會問題的恐懼。從這一類的集體矯正中，

我們一定能獲得碩大的成果。

在我們的社會生活中，我們還應該消除被罪犯或窮人視為是挑戰的每一件事物。如果社會上貧富懸殊，貧窮的人一定會憤恨不平而躍躍欲動。因此，我們應該剷除奢靡浮華的風氣，只讓少數人坐擁財富、日耗千金，絕對是不應該的。

在矯正落後兒童和問題兒童時，我們發現，用考驗他們的力量來向他們挑戰，是完全沒有用處的。因為當他們以為自己是在和環境作戰時，他們就會堅持自己的態度不肯相讓。罪犯也是這樣。

在全世界，我們都可以看到，警察、法官甚至是我們制定的法律，都在向罪犯挑戰，勾起他們的敵對心理。威嚇是沒有用的，如果我們冷靜一點，不提罪犯的姓名，也不公布他們的事蹟，那麼情況可能會好得多。

這種態度是需要改變了。我們不應再以為嚴厲制裁或懷柔政策能夠改變罪犯，他只有更清楚地了解自己的處境時，才能發生改變。

當然，我們必須心存仁義，我們不要以為嚴刑峻法能夠嚇阻他。我們提過，嚴刑峻法只會增加這場競賽的刺激性，即使罪犯坐上了電椅，他們也只會為自己行事不慎以致遭到失敗而感到遺憾。

如果我們更加努力地找出應該對犯罪負責的人，

那麼對我們的工作必然有所幫助。目前，至少有40％以上的罪犯逃過了警察的耳目，這件事無疑會助長他們的氣焰。犯了罪而未被發現，等於是給他們增加經驗的機會。

關於這一點，有一部分我們已經予以改進了，而且我們也正朝著正確的方法進行。還有一點很重要的是，不管在監獄中或者出獄以後，都不可以羞辱犯人或向他挑戰。如果能夠找到適當的人選，我們寧可增加監視緩刑的專業人員，不過這些專業人員對社會的問題和合作的重要，也應有真切的認識才行。

＊讓孩子們學會合作

由這些方法，我們可以完成許多事情。但是，我們仍然無法如願地使犯罪的數目大量減少。幸好，我們另外還有一個非常實用且非常成功的方法。

如果我們能夠訓練我們的孩子，使他具有適當的合作能力，如果我們能發展他們對別人的興趣，那麼犯罪的數目就會大量減少，而且其效果也是指日可待的。這些孩子將不容易受他人利用或被人煽動，無論他們在生活中遇到什麼樣的麻煩或困難，他們對別人的興趣都不會完全喪失，他們和別人合作以及圓滿地解決生活問題的能力，都會比我們這一代來得高強。

大部分的罪犯都很早就開始他們的犯罪生涯了，

他們通常開始於青春期，在十五歲和二十八歲之間，犯罪案件是最多的。因此，我們在這個期間的努力便能見到成效。

不僅如此，我們可以確定，教養良好的孩子，也會影響他們的整個家庭生活。獨立、樂觀、高瞻遠矚而且發展良好的孩子，是父母們最大的安慰和幫手。

合作的精神很快就會遍及全世界，人類的整個社會風氣，也會提升到較高的水準。在我們影響孩子的同時，我們也影響了父母和教師。剩下來的唯一問題，是我們應該如何選擇最佳的進入時機，以及用什麼方法來培養孩子，使他們能負擔起日後生活的工作和問題。

我們該訓練所有的父母嗎？不是的，這個方案並不能帶給我們多大的希望。父母是很難掌握住的，最需要訓練的父母，都是最不願意跟心理學家見面的父母。我們無法接近他們，因此我們必須另尋他途。

那麼，我們是否應該把所有的孩子都集中起來，看著他們成長，並終日監視他們？這個方案似乎也好不了多少。然而，我們卻有一個實際可行、並且真能解決問題的方法 —— 利用教師做為推進社會進步的動力，訓練教師來糾正孩子們在家庭中養成的錯誤，並發展他們的社會興趣，使之擴展到別人身上。這是學校自然發展的方向。

由於家庭不能教導孩子應付日後生活的所有問題，人類才設立了學校，作為家庭的延伸。既然如此，我們為什麼不利用學校來使人類更富社交性、更合作、對人類福祉更感興趣呢？你將會看出，我們所有的活動都必須以下列的理想為基礎。

　　簡略言之，我們在現代文化中所享受的各種利益，都是許多人奉獻出自己力量的結果。如果個人不合作、對別人不感興趣，而且也不想對團體有所貢獻，他們的整個生活必然是一片荒蕪，他們身後也不留下一絲痕跡。

　　只有奉獻過的人，他們的成就才會保留下來。他們的精神會持續下去，萬古長存。如果我們以此作為教導孩子的基礎，他們自然會喜歡合作。如果他們面臨了困難，也必然不會示弱；他們有足夠的力量來面對最艱難的問題，並以符合眾人利益的方式來解決。

第十章
職業問題

由於人類學會了合作，所以我們才形成了分工的方法，這是人類幸福的主要保障。如果每一個人都不願意合作，也不願意仰賴過去人類的成果，想憑一己之力在地球上謀生，那麼人類的生命必然沒有再延續下去的必要。

＊人類不能逃避職業問題

　　將人類束縛住的第三種聯繫，構成了人類生活中的第三個問題。但是這三個問題卻是不能夠分開解決的，它們任何一個都仰賴於其餘兩個問題的順利解決。

　　第一種聯繫構成了職業問題。我們居住在地球表面上，擁有的只是這個星球的資源、土地、礦產、溫度和大氣。為這些情況給予我們的問題尋求解答，一直是人類的主要工作。即使是在今天，我們也不能認為已經找到了十全十美的答案。在每一個時代，人類都會找出某一標準解答，但是無論如何，人類總是要不斷地追求進步和更高的成就。

　　我們所掌握的解決這個問題的最佳辦法，和第二個問題有密切關聯。

　　束縛住人類的的第二種聯繫是，他們屬於人類的種族，而且生活在和其問題的聯繫之中。如果某一個人單獨居住在地球上，且從未見過其他同類，那麼他的態度和行為必定截然不同。我們必須時時刻刻與他人接觸、迎合他們，並且對他們感到興趣。這個問題的最佳解決方法是友誼、社會感覺和合作。這個問題的解決，對於解決第一個問題有著莫大的好處。

　　由於人類學會了合作，所以我們才形成了分工的方法，這是人類幸福的主要保障。如果每一個人都不

願意合作，也不願意仰賴過去人類的成果，想憑一己之力在地球上謀生，那麼人類的生命必然沒有再延續下去的必要。

經過分工，我們可以利用許多種不同訓練的結果，並把許多不同的能力組織起來，以使他們對人類共同的福址有所貢獻，並保證人類生活安全和增加社會上所有成員的機會。

當然，我們不能誇口說我們已經達到了盡善盡美的地步，也不能裝得好像分工制度已經達到發展的最高峰。但是，如果我們想解決職業問題，我們就必須在人類分工合作的架構中占一席之地，並且為他人的利益奉獻出我們的力量。

有些人試圖要逃避這種職業問題，他們不願意合作，對人類共同的興趣也漠不關心。但是，我們會發現，他們雖然不願面對這個問題，其實他們卻總是懇求著別人的幫助。

他們依賴別人的勞力為生，自己本身卻一無貢獻。這是被寵壞孩子的典型生活風格，當他面臨問題時，總是要求別人出力幫他解決困難。

破壞人類的合作，並且把不公平的負擔加在熱心於解決生活問題者肩上的，主要也是這批被寵壞的孩子。

人類的第三條聯繫是，他是男女兩種性別之一，

而非另一種性別。他在延續人類生命一事上所佔的地位，有賴於他和異性的接近，及其性別角色的履行。

兩性之間的關係也構成了一個問題，而且它也是不能和另外兩個問題分開來解決的。要成功地解決愛情和婚姻問題，一個人對人類分工有所貢獻的職業，是絕不可以少的，和其他人類保持友善的接觸也是很必要的。

根據研究，在我們的時代，對這個問題最完美的解決方法，就是一夫一妻制。從個人對這個問題的解決方式中，可以看出他的合作態度。

這三個問題是永遠分不開的，它們彼此互相糾纏著，解決了一個問題，就必定有助於另一個問題的解決。因此我們可以說，它們其實是同一種情境、同一種問題的各個不同層面，這個問題就是，人類必須在他自己的環境中，保存生命、發揚生命。

＊母親對孩子選擇職業的影響

因盡母親天職而對人類生活有所貢獻的婦女，也像任何其他人一樣，在人類的分工制度中，佔有崇高的地位。

如果她對其子女的生命抱有濃厚的興趣，努力要使其成為健全的公民，她致力於擴展他們的興趣，並教之以合作之道，那麼她對人類的貢獻就不能低估。

在我們的文化之中，母親工作的價值經常被過分低估，必且被視為不是很吸引人或很有尊嚴的工作。它只能獲得間接的報償，而以之為主要職業的女性，通常在經濟上也不得不依賴男人。但是，一個家庭的成功與否，母親的工作和父親的工作是同等重要的。不管母親是在家主持家務或出外獨立做事，她作為母親的工作地位，是絕不比她丈夫的工作為低的。

母親是第一個影響她子女職業興趣發展的人。在生命最初的四、五年間所受的訓練和努力，對孩子成年後生活中的活動範圍以決定性的影響。

職業訓練的第二個步驟是由學校執行的。我們的學校正逐漸增加對孩子未來職業的注意，並訓練他們眼、耳、手等器官的技巧。這種訓練和一般學科的教學是同樣重要的。但是，我們不要忘記，一般學科的教學，對孩子的職業發展也有不可磨滅的重要性。我們經常聽到人們在以後的生活中說，他們已經把在學校中所學的拉丁文或法文完全忘光了，但是，這些科目仍然是應該教授的。

從過去的經驗綜合，我們發現在研讀這些科目時，使得心靈的各種功能，都有受到訓練的機會。有些新式的學校，特別注意職業和工藝訓練，這種方式也能增加孩子的經驗，並提高他們的自信心。

＊ 從小培養孩子的職業興趣

如果孩子從兒童時代，就已經決定他將來喜歡從事那一種職業，他的發展就會簡單得多。

如果我們問孩子，他們以後想做什麼事，他們大都會有一個回答。這種回答都不是經過詳細考慮過的，當他們說以後要當飛機駕駛員或汽車司機時，他們也不知道自己為什麼要選擇這門行業。

我們的工作就是要找出其潛在動機，以發現他們努力的方向、推動他們前進的力量、他們優越感目標，以及他們要使其具體實現的方案。他們的回答只能讓我們知道，在他們的心目中，那種職業是最優越的；可是從這個職業，我們還可以看出能幫助他們實現其目標的其他機會。

十二到十四歲的孩子，大致上都應該會更清楚他們以後所要從事的職業，如果一個孩子到這個年紀，還不知道自己將來要做些什麼，那真是一件悲哀的事。他在表面上的缺乏雄心，並不意味著他對什麼事情都不感興趣。他可能野心勃勃，可是卻沒有足夠的勇氣，來說出他的野心是什麼。

在這種情況下，我們必須耐住性子，來找出他的主要興趣和訓練。有些孩子，在十六歲結束高中學業的時候，對自己未來的職業仍然拿不定主意。他們經常是品學兼優的學生，但是對以後的生活卻一點主意

也沒有。

如果詳加注意，我們會發現，這些孩子大都野心勃勃，不過卻不肯真正與人合作。他們沒有找到他們在分工制度中所該走的途徑，也無法及時找到實現其野心的具體方法。

因此，早一點問孩子他們希望從事什麼職業，是很有好處的；教師可以經常在學校裡提出這個問題，來引導孩子思考這一點，以免他們將之忘卻或隱藏其答案。同時最好問他們為什麼選擇這種職業，他們通常都會很仔細地說出他的看法。在孩子對某種職業的選擇裡，我們可以看出其全部的生活風格。

他們還會說出努力的主要方向，和他認為生活中最有價值的東西是什麼。我們必須讓他選擇他認為最有價值的職業，因為我們也無從判斷那個職業更崇高、那種較低下。

如果他腳踏實地的在做自己的工作，而且也專心致力於為別人奉獻出自己，那麼他就是和任何其他人一樣有用的。他的唯一職責就是訓練自己，設法支持自己，並在分工制度的架構中，安置自己的樂趣。

＊從遊戲中辨別職業方向

還有些人不管選擇了那一種職業，都不會感到滿意。他們想要的根本不是一個職業，而是保證其優越

地位的方法。他們不希望應付任何的生活問題，因為他們覺得，生活根本就不應該向他們提出問題。

這些人是被寵壞的孩子，他們只盼望能獲得別人的幫助。也許有一大部分的人，對他們最初四、五年間所摸索出來的方向，真正感到興趣，但是由於經濟因素或父母的壓力，他們卻不得不從事一門不感興趣的職業。這件事也能證明兒童時期訓練的重要性。

如果我們在一個孩子的最初記憶中，發現他對視覺的事物有興趣，我們就能推測他，可能適合於必須運用眼睛的職業。在職業輔導中，最初記憶是絕不可忽視的。有些孩子也許會提起某人對他說話的印象，或是風吹、鈴響的聲音，我們就知道他是屬於聽覺型的，可能適於從事和音樂有關的職業。在其他的回憶裡，我們還會看到動作的印象，這些人比較偏好於活動，他們也許對需要戶外工作或旅行的職業比較感興趣。

人類最常見的努力之一，是超越家庭中的其他分子，尤其是比父親或母親更進一步。這是一種很有價值的努力；我們非常樂於見到孩子青出於藍而勝於藍。

而且，如果一個孩子希望在他父親的行業中勝過其父親，他父親的經驗，就能供給他一個很好的開始。一個孩子的父親如果服務於警界，他通常都會有

成爲律師或法官的野心。如果他的父親受僱於醫生的診所，這孩子很可能希望自己將來能當醫生。如果父親是教師，兒子會希望成爲大學的教授。

在觀察孩子的時候，我們經常可以看到，他們在訓練自己從事某種成年生活中的行業。比方說，有個孩子會希望成爲教師，結果我們就能看到他帶領著一群孩子，在玩學校上課的遊戲。孩子們的遊戲，能讓我們看出他的興趣所在。

希望要成爲媽媽的女孩子，會喜歡玩洋娃娃，並培養自己對嬰孩的興趣。有些人認爲，如果我們給她們洋娃娃，會使她們脫離現實，其實她們是在訓練自己認同母親，並從事母親的工作。她們是應該這麼早就開始練習的，如果太晚了，她們的興趣會固定而不易變更。有些孩子會表現出濃厚的機械或技術興趣，如果他們能實現其心願，這也會成爲以後生活中良好的職業基礎。

還有些孩子一向不願意登上領袖的位置。他們的主要興趣，是找一個領袖來跟隨，這個領袖就是肯收留自己作爲下屬的兒童或成人。這並不是一種良好的發展，如果我們能降低這種服從傾向的話，是一件好事。但假使不能使之消失，這種兒童在以後的生活中，將不能居於領袖地位，按照他們的意願，他們會選擇小職員的職位，從事一些每一件事情都已經被預

先安排好的例行工作。

在無意中遇見生病或死亡等問題的孩子，對這些事情會保有濃厚的興趣。他們會希望成為醫生、護士或藥劑師。他們的努力是應該加以鼓勵的，擁有這種興趣而成為醫生的人，都是從很早就開始訓練自己，並且非常地喜歡他們的行業。

有時候，死亡的經驗還可能以另外一種方式來加以補償。有些孩子可能希望以藝術或文學的創作來求取永生，有些則可能獻身於宗教事業。

遊手好閒、好吃懶做等逃避就業的錯誤訓練，也是從生命早期就開始的。當我們看到這樣的孩子，在以後的生活中躲避著困難時，我們必須以科學的方式，找出其錯誤的成因，並以科學的方法來糾正他。如果我們居住在一個四體不勤、五穀不分，就能隨心所欲獲得任何東西的星球上，那麼懶惰可能成為美德，而勤勞則為人所不齒。

但是，從我們和所居住的地球之間的關係來看，我們可以了解，對職業問題合乎邏輯的解答，和常識符合一致的解答，就是我們必須工作、合作和奉獻。以往，人類一直是憑直覺感覺到這一點，現在我們則是從科學的角度來看出其重要性。

＊天才的秘密

從兒童早期就開始的訓練，在天才的身上最為明顯。

天才的問題，能使我們對這個題目更為了解。只有對人類的共同福址有傑出貢獻的個人，人們才稱之為天才。我們無法想像，身後對人類沒有留下絲毫利益的天才，究竟是什麼樣子。

藝術都是全體人類精誠合作的結晶，偉大的天才，提高了我們的整個文化的水準。荷馬（Homer）在他的史詩中，只提到三種色彩，而用這三種色彩來描述所有顏色的區別。無疑，人們在那麼時代已經注意到更多的色彩差異，但是這種差異似乎是微不足道的，所以也沒有為它們命名的必要。

是誰教我們分辨出各種色彩，讓我們能稱乎它們的名字呢？我們必須說，這是畫家和藝術家的功勞。作曲家也曾經將我們聽覺的精密性，提高到相當水準。現在我們之所以能夠用和諧的音調，代替原始人單調的樂聲，都是音樂家的功勞，他們潤澤了我們的心靈，並且教我們如何訓練我們的功能。

是誰增加了我們心靈的深度，讓我們談吐優雅、思想深邃？那是詩人。他們潤飾了我們的語言，使之更富於彈性，並適用於生活的各種用途。

天才是人類中最合作的人，這應該是沒有什麼問

題的。在他們行為和態度的某些方面，我們或許看不出他的合作能力，但是我們卻能從他生命的整個歷程中看出來。

他們並不是像其他人那樣的易於合作。他們的道路坎坷難行，路上險阻很多。他們經常是以重大缺陷的器官做為起始點的。

幾乎在所有傑出者的身上，我們都能看到某種器官上的缺陷，因此，我們能夠得到一種印象，認為他們的生命在開始時就命運多艱，可是他們卻掙扎著克服了種種困難。

我們尤其能注意到，他們是多麼早就決定了他的興趣，以及他們在兒童時期，是如何的刻苦耐勞地訓練自己。他們磨練著理性，使之能夠接觸世界上的各種問題，並能夠加以了解。

從這種早期訓練，我們可以斷言，他們的成就和天才是自己創造出來的，而不是上蒼的賜予。他們努力奮鬥，使得後世能分享其餘蔭。

＊職業的目的不是賺錢

早期的努力，是晚年成功的最佳基礎。如果我們讓一個三、四歲的小女孩單獨遊玩，開始為她的洋娃娃縫製一頂帽子，當我們看到她在工作時，讚揚她幾句，並告訴她怎樣才能把它縫得更好；她受到激勵

後，會更加努力改進其技藝。

但是，如果我們叫道：「把針放下！妳要扎到手了，妳根本不要自己做帽子，我們出去買一頂更漂亮的！」她會馬上放棄她的努力。

如果我們在日後的生活中比較這兩個女孩子，我們會發現：第一個已經發展出藝術的愛好；第二個卻不知道自己能做些什麼事，她會以為買來的東西一定比她自己做的更好。如果在家庭生活中，過分強調了金錢的價值，孩子們會只憑收入的多少來看職業的問題。

這是一種很大的錯誤，因為這種孩子所遵循的，不是他能貢獻於人類的某種興趣。當然，每個人都應該謀求自己的生活，只是，忽略了這一點的人，也真的會使自己成為別人的負擔。而且，只對賺錢有興趣的人，必定會和合作之道背離，只追求著他自己的利益。如果「賺錢」是他唯一的目標，而其社會興趣又付之闕如，那麼他就沒有不能用搶劫或詐欺來獲得錢財的理由。即使情況不是這麼極端，他賺錢的目標中，還包含有少量的社會興趣，那麼他雖然已經腰纏萬貫，他的所做所為，對於別人仍然毫無益處。

在我們這個光怪陸離的時代，致富之道何只萬千，即使是旁門左道，有時候也會為人帶來巨富。對此我們不必感到驚訝。雖然我們絕不敢說，守正不

阿、有所不爲的人，一定能得到立即的成功，但是我們卻敢斷言，他能使其勇氣保持不墜，並不失其自尊。

＊不能用事業做逃避的藉口

職業有時候可以用來做爲逃脫愛情和社會問題的藉口。在我們的社會裡，經常有許多人利用事業忙碌，做爲逃避愛情和婚姻的方法。也有時候我們會發現它被用做失敗的脫詞。一個狂熱獻身於事業的男人，可能這樣想到：「我沒有花時間在我的婚姻上，因此我不應該對它的不美滿負責。」

尤是是精神病患者之間，愛情和社會這兩個問題，是他們竭力要設法逃避的。他們如果不是迴避異性，就是用錯誤的方法去接近他們。

他們沒有朋友，他們自己對別人也不感興趣。他們只是日以繼夜地忙著自己的事業，白天想，晚上做夢時也在想。他們使自己常期處於緊張狀態中，結果諸如胃潰瘍之類的身心症狀出現了。現在，他們更能以胃部疾患做爲推辭愛情和社會問題的藉口了。

還有些人老是喜歡換職業，他們一直以爲能夠找到更適合自己的職業。他們常常游移不定，結果總是一事無成。

＊減少失業現象

對於問題兒童，我們應該做的第一步，就是找出他們的主要興趣。從這一點入手，要給他們作整體性的鼓勵就容易得多。對沒有找到合適職業的年輕人，或只是在職業上失敗的中年人，我們應該找出他們的真正興趣，一面利用它對他們作職業輔導，一面幫他們尋找就業機會。這並不是很容易的事情。

在我們的時代，失業問題是相當嚴重的。如果是在一個每個人都致力於合作的時代，這種現象是不應該存在的。因此，每一個了解合作的重要性的人，都應該努力消除失業的現象，使每個願意工作的人都有工作做。

我們可以用增設學校、技術學校和成人教育的方法，來幫助這件事的推行。有許多失業者都是無一技之長的人。他們有些也許對社會生活從未感到過興趣。社會上有許多不學無術的份子，和對共同利益不感興趣的份子，這是人類的一項重擔。這些人覺得自己屈居人下，不如他人。因此我們不難了解，為什麼罪犯、精神病患者和自殺者，大多數是知識程度較低的人。由於他們缺乏訓練，他們總是落於人後。

父母、教師及所有對人類未來的進步和發展感興趣的人，都應該努力設法讓孩子接受更好的教育，以便使他們進入成年人生活時，不致於在分工制度中，

無法佔有一席之地。

第十一章
人和他的同伴

在家庭的組織中，對別人的興趣是不可或缺的；當我們追溯我們的歷史，不管在那一時代，都能發現人類在家庭中團結一心的傾向。

＊圖騰和祭祀的意義

人類最古老的願望之一，是和同類締結友誼。我們的種族是由於我們對同類有興趣，才日漸進步的。

在家庭的組織中，對別人的興趣是不可或缺的；當我們追溯我們的歷史，不管在那一時代，都能發現人類在家庭中團結一心的傾向。原始部落用共同的符號，把自己聯繫在一起，這種符號的目的，是使人們和其同胞團體合作。最簡單的原始宗教是崇拜圖騰。一個部落可能崇拜蜥蜴，另一個則可能崇拜水牛或蛇。崇拜同樣圖騰的人會居住在一起，彼此互相合作而情同手足。

這些原始的習慣，是人類把合作固定化的重大步驟之一。在原始宗教的祭祀日，每一個崇拜蜥蜴的人，都會和同伴聚集在一起，討論農作物的收穫問題，以及如何防衛自己，以免遭到天災人禍、洪水猛獸的侵害。這就是祭祖的意義。

婚姻通常都被認為是一件牽涉到團體利益的事情。每一個崇拜相同的弟兄，都必須遵照社會的規定，在自己的團體之外尋找配偶。我們應該體會到，婚姻並不是私人的事情，而是全體人類在心靈上和精神上，都必須參與的共同事務。結婚之後，雙方都必須負起某些責任，這是整個社會對他們的期待。社會希望他們生育健全的子女，並以合作的精神，將他們

撫育成人。

因此，在每一對婚姻中，每一個人都應當樂於合作。原始社會用圖騰和其複雜的制度，來控制婚姻的方法，在今天看來也許相當可笑，但是它們在當時的重要性，則是不容忽視的。它們真正目的在於增加人類的合作。

＊愛你的鄰人

宗教中最重要的教誨之一是「愛你的鄰人」。在這裡，我們又看到另一種，想要使人類增加對同類興趣的努力。有趣的是，現在從科學的立場，我們也能夠認識這種努力的價值。被寵壞的孩子會問：「為什麼我該愛我的鄰居？他們為什麼不先來愛我？」這句話顯露出他對合作缺乏訓練和他的自私自利。

在生活中遭遇最大的困難，並做出損人利己之事的人，就是對其同胞不感興趣的人。人類之中所有的失敗者，都是從這批人孕育出來的。

各種不同的宗教，都用自己的方式在鼓吹著合作。任何人類的努力，只要是以合作為最高目標的，就值得贊同。爭執、批評和貶抑對方都是不必要的。我們還不知道什麼是絕對的真理，因此，通往合作的最終目標，也許有許多不同的途徑。

在政治上，我們知道有許多政治制度都是可行

的，但是，如果其中缺乏了合作精神，那不管是誰來執政，都必將一事無成。每一個政治家都必須以人類的進步爲其最後目標，而人類的進步總是意味著更高程度的合作。通常我們很不容易判斷，哪位政治家或哪個政黨能夠真正將群眾帶上進步之路，因爲每一個人都是以他自己的生活來作判斷的。但是，如果一個政黨能使其黨內成員彼此水乳交融，我們對這種活動就無可非議。

　　同樣的，在國家問題上，如果當政者的目標，是將兒童培育成良好的公民，並增加其社會感覺，使他們尊重自己的傳統，崇敬自己的國家，並能依照他們認爲最理想的方式，來改變或制定法律，那麼我們對他的努力也不應表示異議。

　　班級的活動也是團體的合作運動，由於它的目標也在於促進人類的進步，所以在班上應該避免造成偏見。因此，所有的運動，都只應以它們能否增加我們對同類的興趣來判斷其價值；我們將發現，有助於增加合作的方法是非常多的。這些方法或許有高下之分，但是，只要能夠增進合作，我們就不必因爲某種方法不是最好的而攻擊它。

＊最大的孤獨是瘋狂

　　我們所不同意的是只問收穫、不事耕耘，只求個

人利益的人生觀。這對於個人和團體的利益，都是最大的障礙。

只有經過我們對同類的興趣，人類的各種能力才得以發展出來。說、讀、寫，都是和別人溝通往來的先決條件。語言本身就是人類的共同創作，也是社會興趣的產物。了解對方也是共同的事情，不是私人的興趣。了解就是知道別人心中的想法，它使我們能以共同的意義和別人發生聯繫，並受人類共同常識的控制。

有一些人終日在追求著個人的利益和優越感。他們給予生活一種私人的意義，認為生活應該是為他自己而存在的。但這是世界上任何一個人都無法同意的看法。

我們發現，這種人會因此而無法跟其同類發生聯繫。當我們看到只對自己有興趣的人時，我們經常會發現，他臉上有一種卑鄙或虛無的表情；在罪犯或瘋子的臉上，我們也會看到同樣的表情。他們不用他們的眼睛，來和別人發生聯繫，他們各人有著不同看法。

有時候，這種兒童或成人，對他們的同伴甚至不屑一顧。他們將視線移開，旁顧他處。在許多精神病症中，都可以看到這種和別人交往上的失敗。例如強迫性的臉紅、口吃、陽萎、早洩等等，都是較受人注

意的例子，它們都是由於對別人缺乏興趣所造成的。

最高程度的孤立，可用瘋狂來代表。如果能引起他們對別人的興趣，即使瘋狂也不是無可救藥的。他和別人之間的距離，比任何其他的人都要來得遙遠，或許只有自殺者堪與比擬。因此要治療這類的個案是一種藝術，而且是一種相當困難的藝術。

我們必須設法贏得病人的合作，這一點只有耐心及用最仁慈友善的態度才做得到。

＊扮演狗的女孩子

阿德勒曾經治療過一個患有早發性癡呆症的女孩子。她患這個病已達八年之久，最後這兩年是在一家收容所中度過的。她像狗一樣地狂叫，到處吐口水，撕扯自己的衣服，並且想要吞下她的手帕。

我們可以看出，她對於身為人類的興趣是多麼缺乏。她想要扮演狗的角色，我們也能了解她的動機。她覺得母親把她像狗一樣看待，她的行為或許在表示：「我越看你們這批人類，我越希望自己是一條狗！」

阿德勒連續對她說了八天的話，她卻一個字也不回答。在阿德勒持續跟她說了三十天的話之後，她才開始以含糊的語言作答。因為阿德勒友善的對待，她也因此受到鼓勵。

如果這一類型的病人，受到鼓勵而產生勇氣，他也不知何去何從。他對於其他同伴的抗拒力是非常強烈的。當他的勇氣回復到某種程度，而他又不希望和人合作時，我們能夠預測出他的行為。他的舉止正如問題兒童，他會做出種種惡作劇，打破任何能夠拿到手的東西，或攻擊監護人。

當阿德勒第二次和這個女孩見面時，她動手打了阿德勒。讀者們可以想像出這個女孩子的外形——她並不是體格非常強壯的。阿德勒讓她打了幾下，仍然裝得很和善的樣子。她覺得非常意外，因而敵意全消。可是她仍然不知道該如何處理甦醒過來的勇氣，她打破了玻璃窗，手在玻璃上割破了，阿德勒非但不責備她，反而幫她包紮手腕。

通常應付這種暴力的方法，諸如監禁或把她鎖在房子裡，都是錯誤的方法。如果我們要贏得這個女孩的合作，必須另尋他途。期望瘋子作出像正常人一樣的行為，是最大的錯誤。幾乎每個人都會因為瘋子不像平常人一樣作出反應而感到惱怒。他們不吃不喝，撕扯你的衣服等等。讓他們隨心所欲吧！除此之外，我們就沒有幫助他們的辦法了。

後來，這個女孩痊癒了。經過了一年，她仍然健康如常。有一天，阿德勒到她以前被監禁的收容所去時，在路上遇見了她。

「你要到那兒去？」她問。

「跟我一道走吧，」阿德勒說，「我要到以前你住過兩年的那家收容所去。」

他們一起到了收容所，找到了以前曾經在這裡治療過她的醫生，請他在阿德勒診療另一位病人時，和女孩聊聊天。

當阿德勒回來時，這位醫生勃然大怒地說：「她是完全好了，可是她卻有一件事讓我很生氣。她根本不喜歡我！」

後來，阿德勒還斷斷續續地跟這個女孩見面長達十年之久。她的健康情況一直非常良好，她自己賺錢謀生，和同伴們相處融洽，看過她的人沒人相信她曾經發過瘋。

＊患憂鬱症的女人

妄想症和憂鬱症這兩種情況，能夠特別清楚地顯現出他和別人之間的距離。

妄想狂的病人埋怨著所有人類，認為他四周的人都沆瀣一氣，想來陷害他。在憂鬱症的患者，則會自怨自艾，比如，他會想：「我破壞了自己的家庭。」或「我的錢都被我用光了，我孩子一定要挨餓了。」

然而，一個人在責備自己時，他表現出來的只是外在，其實他是在責怪別人的。例如，一位交遊廣

闊、風頭極健的女子，在遭到一次意外後，再也無法繼續參加社會活動了。

她的三個女兒都已經結婚成家，因此她覺得非常寂寞。幾乎同時，她又失去了丈夫。她以前一向受人尊崇慣了的，她想要找回她所失去的一切。她開始周遊歐洲。可是她不再覺得自己是像以往那麼重要了，當她在歐洲時，患上了憂鬱症。憂鬱症對於處在這種環境下的人，是一種很大的考驗。

她打電報要她的女兒們來看她，但她們每個人都有藉口，結果一個人也沒來。當她回家後，她最常說的話是：「我的女兒都待我非常好的。」她的女兒們讓她一個人生活，請了一位護士來照顧她，她回家後，她們只隔一段時間才來看她。我們不能只從表面上來看她的話。她的話是一種控訴，每一個了解其環境的人，都知道她的話只是一種控訴。憂鬱症是對別人長期的憤怒和責備，因為想要獲得別人的照顧、同情和支持，病人只好為他自己的罪過，表現得垂頭喪氣、痛心疾首。憂鬱症患者的最早記憶，通常是屬於這種樣子的：「我記得我要躺到長椅上，但是我哥哥已經先躺到那兒了。我大哭大鬧，結果他只好讓位給我。」

憂鬱症患者，還有拿自殺做為報復手段的傾向。因此醫生第一件應注意的事，就是避免給他們自殺的

藉口。解除這種緊張的方法是，建議他們治療中最重要的規則：「不要做你不喜歡做的任何事情。」

這似乎是微不足道的小事，但是它牽涉到整個問題的基礎。如果憂鬱症患者能夠隨心所欲地做任何事情，他還會控訴誰？他還會做出什麼事情來報復別人？

「你如果想看電影，」阿德勒說：「或者想去渡假，那麼就去吧！如果你在路上發現你不想去了，那麼就不要去。」這是任何人都能做到的最佳情境。它能使優越感的追求獲得滿足。他像上帝一樣，能夠做他喜歡做的事情。

在另一方面，它卻很不容易融合於他的生活風格。他想要支配別人、控訴別人，如果他們都同意他的看法，他就沒有支配他人的必要了。

這條規則是一種很大的解脫。在阿德勒的病人中，從來也沒發生過自殺事件。當然，我們也知道，最好是找個人來看住這種病人，不過，很多病人都未如期待地被緊緊跟隨過。只要有旁人看著，危險就不會發生了。

有時病人會說：「我什麼事都不想做。」

對這種問題，阿德勒已經胸有成竹，因為他聽到的次數太多了。「那麼你就先不要做你喜歡做的事情好了。」他會這樣告訴對方。

然而，有時候病人會這樣說：「我喜歡整天躺在床上。」阿德勒知道如果阻止他，他反而會堅持到底。因此，他永遠表示同意。

＊巧妙的進攻方式

上述方式是規則之一。另外一種對他們生活風格的攻擊是更為直接的。

阿德勒告訴他們說：「如果你照著我的話做，你在兩個禮拜以內就會痊癒。記住，每天你都要設法取悅別人。」

請注意這件事對他們的意義。他們原先心裡只有一個念頭：「我要怎樣才能使別人煩惱？」他們的答案是相當有趣的。

有些人說：「對我而言，這是輕而易舉的事。我一輩子不都在做這件事嗎！」其實他們並沒有做這種事。阿德勒要求他們考慮他講的話，他們卻想都不想。阿德勒說：「當你睡不著覺的時候，你可以利用時間去想：你要怎樣才能使某個人高興？這樣，你的健康一定會有很大的進步。」

當第二天他去看他們的時候，又問：「你有沒有照我的話做？」病人答道：「昨天我一上床就睡著了。」當然，這些都是在誠摯、友善的態度下進行的，他一點也沒有表現出優越的意味。

其他人回答：「我做不到，我太煩了。」阿德勒告訴他們：「煩惱就煩惱吧，沒什麼關係的。你只要偶爾想想別人就好了！」他要他們把興趣指向別人。

許多人說：「我為什麼要討好別人？他們都不來討好我！」

「我要為你的健康著想。」阿德勒回答道：「不為別人設想的人，以後也會吃虧的。」在他的經驗裡，馬上就回答：「我已經照你的話想過了。」這樣的病人，是絕無僅有的。

他的種種努力，都是想要增加病人的社會興趣。他們生病的真正原因是缺乏合作精神，阿德勒只是要他們也看出這一點。只要病人能夠站在平等合作的立場上，和他的同伴發生聯繫，他就會痊癒。

＊「犯罪性疏忽」

另外一種明顯的缺乏社會興趣的例子，是所謂的「犯罪性疏忽」。

例如，有一個人把沒熄掉的煙蒂隨手亂丟，引起了一場森林大火。又如某個案件，一個工人結束當天的工作回家後，把一條電纜橫在馬路上，忘了收拾，結果一輛摩托車撞上了電纜，騎士也摔死了。

在這兩個案件裡，肇事者都沒有害人之意。對於這些不幸，他們在道德上似乎不必負什麼責任。然

而，他未受過要替別人著想的訓練，他不知道要使用預防措施，來保障別人的安全。這是較嚴重的缺乏合作精神。我們比較常見的有衣履不整的兒童，踩在別人的腳上，摔破碗，弄壞公共物品，以及做出種種損人不利己的舉動的人。

對於同伴的興趣，是在學校和家庭中訓練出來的。我們已經談過哪些事物可能妨害孩子社會興趣的發展。社會感覺或許不是由遺傳得來的本能，但是社會感覺的潛能，則是由遺傳得來的。能夠影響這種潛能發展的因素有——母親的技巧、她對孩子的興趣，以及孩子自己對環境的判斷。

如果他覺得別人都充滿敵意，四周都是敵人，自己不得不採取防衛手段，那麼我們就無法期待他會和別人為友，而且他自己也會成為別人的好朋友。如果他覺得別人都應該當他的奴隸，他就不會希望對別人有所貢獻，而只是想統治他們。如果他只關心自己的感覺以及自己的舒適與否，他就會使自己退出社會。

＊在家庭和學校中培養友誼

前面已經提過，為什麼最好讓孩子覺得自己是家庭中平等的一份子，並且要關心其他的所有成員。同時，父母本身彼此應該是很好的朋友，和外界也應該保持良好而親密的友誼關係。

這樣，他們的孩子才會覺得，在他們的家庭之外，也有值得信賴的人。我們也提過，在學校裡為什麼應該讓孩子覺得自己是班上的一部分，也是其他同學的朋友，並能夠信任他們的友誼關係。

在家庭中的生活和在學校中的生活，只是為了達到更大的目標的準備。它們的目標，是教育孩子成為良好的公民，成為全體人類平等的一分子。只有在這種情況下，他才能鼓起勇氣，不慌不忙地應付其問題，並為它們找到能增進他人幸福的答案。

如果他能夠成為所有人的朋友，並以美滿的婚姻和有用的工作，對他們有所貢獻，他就不會覺得自己不如別人，或被別人所擊敗。他會覺得這個世界是個友善的地方，處處都能處之泰然，他會遇見他喜歡的人，應付困難時也得心應手。

他應該會看到：「這個世界是我的世界，我必須積極進取，不能退縮觀望。」

他應該非常清楚，現在只是人類歷史中的一段時間，他只是整個人類過程——過去、現在、未來——的一部分。

但是，他同時也感應到，這個時代正是他能夠完成其創造工作，並且對人類發展貢獻一己之力的時代。

在這個世界上，有很多的邪惡、困難、偏見和悲

哀；但它是我們自己的世界，它的優點和缺點，也是我們自己的。這是我們必須加以改造和增進的世界。

我們可以確定，如果每個人都以正確的途徑，擔負起他的工作，他在改進世界的事業中，就已經盡了責任。

擔負起他的工作，意思就是要以合作的方式，負起解決生活中三個問題的責任。我們對於一個「人」的所有要求，以及我們能夠給他的最高榮譽，就是他必須身為良好的工作者、所有其他人的朋友，和愛情與婚姻中的真正伴侶。

一句話——他必須證明他是人類的一個優秀的同伴。

第十二章
愛情與婚姻

阿德勒說：「愛情及其結果的婚姻，都是對異性伴侶最親密的奉獻，它表現在心心相印、身體的吸引及生兒育女的共同願望上。我們很容易看出，愛情和婚姻有合作的一面，這種合作不僅是爲兩個人的幸福，也是爲了人類的利益。」

＊合作是婚姻的首要條件

在德國某地，有一種古老的風俗，試驗一對未婚夫妻是否適合於一起過婚姻生活。在舉行婚禮之前，新郎和新娘先被帶到一片廣場上，那裡事先安放好一棵砍倒的大樹。他們要用一把兩端都有把手的鋸子，將這棵樹的樹幹鋸為兩段。

從這個試驗，可以看出他們兩人願意和對方合作的程度的高低。

如果他們之間無法協調合作，他們彼此掣肘，就終將一事無成。如果他們中的一個人想要冒險，什麼事都要自己來，而另一個又心甘情願地讓開，那麼他們的工作將會事倍功半。他們兩人都必須積極，而且他們的積極進取還必須結合在一起。

這些德國農人已經知道，合作是婚姻的首要條件了。

愛情和婚姻是什麼？阿德勒說：「愛情及其結果的婚姻，都是對異性伴侶最親密的奉獻，它表現在心心相印、身體的吸引及生兒育女的共同願望上。我們很容易看出，愛情和婚姻有合作的一面，這種合作不僅是為兩個人的幸福，也是為了人類的利益。」愛情和婚姻是為人類共同利益而合作的這種觀點，能夠解決這個問題的各個層面。即便是人類各種追求中最重要的肉體的吸引力，對於人類的發展也是不可缺少

的。

　　我經常說，人類由於體力上的限制，所以沒有人能夠在這個貧瘠的地球上永久生存下去。因此保存人類生命的方法，就是經由我們的生殖能力，和對肉體吸引力的不斷追求來繁衍後代。

　　在我們的時代，我們發現所有的愛情問題裡，都會有各種的困難和紛爭。結了婚的夫婦面臨著這些困難，父母們又關心著他們，最後整個社會都牽涉入他們的難題裡。所以，如果我們要為這問題，找出一個正確的結論，我們的研究必須完全摒棄偏見。忘掉我們所學過的事物，在探討時，應該盡我們所能地，不要讓其他的思考來干涉完全自由的討論。

　　每一個人都受著某種固定的束縛，在一個固定的架構中發展，必須按照這個架構作出種種決定。這些聯繫之所以發生，第一是因為我們居住在宇宙之中的一個地點，而且必須在許多限制之下發展。其次是我們生活在同類之中，必須學會使自己適應他們。最後是人類有兩種不同的性別，我們種族的未來，即依賴在兩性關係上。

　　我們不難了解，如果一個人關心著他的同伴以及人類的福祉，他做每一件事情時，都會先考慮到其同伴的利益，他解決愛情和婚姻問題的方式，也不會損害別人的幸福。他不必一定知道，他是按此方式解決

問題，你如果問他，他對自己的目標，可能也無法說得清楚，但是他卻自然而然地，在追求著人類的幸福和進步，在他的各種活動中，都可以看出他的這種興趣。

＊愛情不僅是性

有許多人對於人類的福址是不太關心的。

他們的人生觀中，從來不問：「我對我的同胞能有什麼貢獻？」「我要怎樣做，才能成為團體中優秀的一份子？」而只問：「生活有什麼用處？它能給我什麼好處？我要為它付出多大代價？其他的人有沒有為我著想？別人是不是欣賞我？」

如果一個人應付生活問題時，總是抱著這樣的態度，他也會用這種方式，來解決愛情和婚姻的問題。他會不斷地問：「它能帶給我什麼好處？」

愛情並不是像某些心理學家所想像的，是一種純粹自然的事情。性是一種動力、一種本能，但是愛情和婚姻並不單單是如何滿足這些動力的問題。

無論從那個角度看，我們都會發現，我們的動力和本能，都已經過發展而變得優雅高尚。我們已經壓抑掉我們某些欲望和傾向。從我們同伴的行為中，我們學會了要怎麼做，才不會惹怒對方。我們也學會了怎樣穿著、怎樣修飾自己。

即使是飢餓，也不只是尋求自然的滿足，我們有高雅的品味，飲食時，也要顧及種種禮儀。我們的動力已經全部適應於我們共同的文化，它們都表現出我們已經學會的、為全體人類福利，和為我們的社會生活所做的各種努力。

如果把這種了解，應用到愛情和婚姻問題上，我們就會發現，在這裡它又無可避免地，牽涉到大家的利益、對人類的興趣等問題，這種興趣是很基本的。

在我們看到愛情和婚姻的問題，只有考慮人類整體的利益才能獲得解決之前，討論這個問題的任何方面，例如它的補救、改變或新的婚姻制度等等，都是沒有什麼益處的。

也許我們應該改進它，也許應該為這個問題找出更完美的解答。但是，即使我們能夠找到更完美的答案，它之所以完美，也是因為它能周全地考慮到，我們活在地球表面上，就必須和別人聯繫，而且有男女兩種性別。只要我們的答案能顧慮到這些情況，其中的真理就能為大家所認可。

＊成功婚姻的唯一基礎

當我們採用這種研究方向時，我們在愛情問題中的第一個發現就是，它是要兩個人通力合作的工作。

對很多人來說，這是一種全新的工作。我們多多

少少都曾經學過如何單獨工作，也多多少少學過如何在一群人之中工作。

但是，我們通常都很少有成雙成對工作的經驗。因此，這些新的情況會造成一種困難。可是，假如兩個人以往對他們的同伴都很感興趣的話，要解決這種困難就會容易得多，因為這樣一來，他們就會很容易彼此發生興趣。

我們甚至可以說，要完全解決這種兩個人的合作問題，每一個配偶都應該關心對方更甚於關心自己。這是愛情和婚姻成功的唯一基礎。

我們已經能夠看到：有許多關於婚姻的意見及改革計劃，都犯了什麼樣的錯誤。如果每一個配偶對於其伴侶的興趣，都高過對自己的興趣，那麼他們之間便會有真正的平等。

如果我們都很誠意地奉獻出自己，就不會覺得自己低聲下氣或受人壓抑。只有男女雙方都有這種態度，平等才有出現的機會。他們兩人都應該努力，讓對方的生活安適和富裕，這樣他們才會有安全感。他們會覺得自己有價值，覺得自己被需要。

在這裡，我們可以看到婚姻的基本保證，以及幸福的基本意義。這種感覺讓你覺得你是有價值的，沒有人能替代你，你的配偶需要你，你的行為正確，你是一個良好的伴侶和真正的朋友。

＊專制的弊害

在合作的婚姻中，是不可能讓一個伴侶接受從屬地位的。兩個人中如果有一個想要控制對方，強迫對方服從，他們就不能很愉快地生活在一起。

在我們現在的情況下，有很多男人（其實有很多女人也是如此）相信男人應該扮演領袖的角色。他們要專制獨裁，成為一家之主。這是為什麼有這麼多不愉快的婚姻的原因。

沒有人能夠心平氣和地忍受卑下的地位的。伴侶們必須是平等的，人們只有在平等的時候，才能找出克服共同困難的方法。

比如說，在這種情況下，他們能對生兒育女的問題達成協議。他們知道，當他們決定不生育時，他們已經作了能影響人類未來的重要決定。他們也會對教育問題達成協議，當他們遭遇到問題時，會儘快解決，因為他們知道，受不愉快婚姻影響的兒童，在精神上會飽受痛苦，而且不會有良好的發展。

在我們現代的文化裡，人們經常都沒有做好合作的準備。我們的教育都太注重個人的成功，都太強調要考慮我們能夠從生活中獲得什麼，而不是我們能付出什麼。當兩個人以婚姻的親密關係生活在一起時，在合作方面和對人關心方面的任何失敗，都會導致不幸的後果。

有很多人都是第一次經驗到這種密切的關係，他們非常不習慣於考慮另一個人的利益、目標、欲望、野心和希望。他們還沒有準備好，要解決共同工作的問題。我們不必對我們舉目所及的許多錯誤感到驚訝，應該面對這些事實，並學習如何在將來避免錯誤。

＊讓孩子理解婚姻

如果沒有經過訓練，成人生活的危機，是很難應付得了的。我們一直都是遵照著我們的生活風格，做出種種反應。婚姻的準備並非一躍而就。在一個孩子典型的行為裡，在他的態度、思想和動作裡，我們可以看出他是如何在訓練自己，以準備應付成人的情境。他對愛情態度的主要輪廓，都是在五、六歲時便已經定型了。

在兒童發展的早期，我們能夠看出，他已經形成他對愛情和婚姻的展望。我們切不可認為，他是在表現出像成人一般的性激動，他只是在對平常社會生活的一面下決定而已。他覺得自己是這種社會生活的一部分。愛情和生活都是他環境中的因素，他們自然而然地進入對自己將來的概念中，對它們必須有某種程度的理解，對這些問題也必須保持某種立場。

當兒童很早就顯現出他們對異性的興趣，並選擇

他們所喜歡的對象時，我們絕不可認為這是一種錯誤、胡鬧或是性早熟的影響。

我們不該嘲弄它，或拿它當笑話講。應該把它當做他們邁向愛情和婚姻準備的一個步驟。我們不僅不應取笑他們，還應該同意孩子的看法，認為愛情是一種神妙的工作，是他們應該準備從事的工作，是全體人類都必須參加的工作。這樣，我們才能在孩子心中建立起一個理想，讓他們在以後的生活中，能夠以教養良好、肯熱誠奉獻的姿態和對方交往。將來，我們會發現，孩子們都會成為一夫一妻制最忠誠的擁護者，儘管他們父母的婚姻不十分和諧，他們也不會受其害。

＊肉體的吸引力

阿德勒並不鼓勵父母太早對孩子解釋肉體上的性關係，或是對他們說太多他們還無法接受的性知識。孩子對婚姻問題的看法非常重要，如果教導的方式錯誤，他們會把它看做是一種危險，或是非他能力所能及的事情。

在早年生活中，如四、五、六歲時，便知道成人性關係的孩子，以及有早熟經驗的孩子，在以後的生活裡，都比較容易受到愛情的傷害。對他們而言，身體的吸引力還代表了危險的信號。如果孩子在較為成

熟後，才有初次的經驗和知識，他就不會這麼害怕，他在了解男女正確關係時，犯錯的機會也較少。

幫助孩子的秘訣，是不要對他撒謊，不要逃避他的問題，要了解他問題的背後是什麼，並只向他解釋他想知道的、以及我們確知他能夠了解的事情。道聽塗說、憑空捏造的性知識，其害處最大。這個生活問題和其他問題一樣，最好是讓孩子自己獨立，憑他自己的力量，去學習他想知道的事物。

如果他和父母能夠彼此信賴，他就不會遭受困擾。他會向父母問他需要知道的事。還有一種迷信，認為孩子會聽其友伴的蠱惑而誤入歧途。孩子們並不會聽信同學告訴他們的每一件事，他們大部分是很有鑑賞力的，如果他們不確定所聽到的是否真實，他們會問他們的父母或兄姊。

當然，孩子們經常對這些事情都比他們的長輩敏感，而且不願啓齒發問。

就是成人生活中的肉體吸引力，也是在兒童時代便已經訓練出來的。孩子們所獲得的愛憐和吸引的印象，和當時環境中異性給他的印象等等——都是肉體吸引力的開始。

當男孩子從他的母親、姊姊或四周女孩獲得了這些印象後，在以後的生活中，能使他感到有肉體吸引力的類型，都會被她們和他早年環境中這些人的相似

性所影響。有時候，他也會受藝術作品的影響，每個人都這樣地受著他個人的審美觀念的驅使。因此，廣義地說，個人在以後的生活裡，就不再有選擇的自由。他只能按照他以往受過的訓練來選擇。這種對美的追求，並不是毫無意義的追求。我們的審美情緒，一直都是以健康的感覺和人類的進步為基礎的。

我們所有的功能、所有的能力，都是遵循著這個方向而形成的。我們無法逃避它。被我們看做是美好的東西，都是看起來似乎永恆的東西，以及對人類的利益和人類的未來有用的東西，它也是我們希望我們的孩子朝著發展的方向。這就是不斷鞭策著我們前進的美感。

＊父母的婚姻對孩子愛情的影響

有時候，如果男孩子和母親相處不和，女孩子和父親不合（當婚姻中的合作不甚和諧時，經常發生這種狀況），他們會尋求和父母正好相反的類型。

比如，一個男孩子的母親事事吹毛求疵，如果他很軟弱，又受人壓制，他很可能覺得，只有看起來不盛氣凌人的女性，才有性的吸引力。他很容易因此而造成錯誤，他找對象時，可能只願找順從他的女性，但是，這種不平等的婚姻，是不可能美滿的。

假使他想證明自己強壯有力，他會找一個看起來

也很強壯的伴侶，這也許是因為他喜歡強壯，也許是因為他覺得她較富挑戰性，能夠證明他自己的強壯。

如果他和母親嚴重不和，這會使他對愛情與婚姻受到阻礙，甚至異性對他的肉體吸引力也會降低。這種障礙以多種不同的程度，最屬害的一種，是他完全排斥異性而變成性欲倒錯。

孩子們從他們父母的生活中，獲得了婚姻是什麼樣子的最早印象。如果父母的婚姻非常和諧，他們的標準就較為良好。因此絕大多數婚姻生活中的失敗者，都出身於婚姻破裂或不愉快的家庭，這是不足驚訝的。如果父母本身都不能合作，他們更不可能教孩子合作。我們在考慮一個人是否適合結婚時，經常都是看他，是不是曾經在正常的家庭中受過訓練，以及看他對父母、兄弟、姊妹的態度。

最重要的因素，是他在哪裡得到他對愛情和婚姻的準備的？

決定一個人的並不是他的環境，而是他對環境的估計。他的估計是很有用的。很可能他在父母的家中，經歷過非常不愉快的家庭生活，但這只刺激他，設法使自己的家庭生活更為美滿。他可能努力使自己有更好的結婚準備。我們不能只因為一個人有過不幸的家庭生活，就來判斷他、或拒絕他。

最壞的情況是個人只顧到自己利益的時候。如果

他受過這種訓練，他會每天算計著，能從生活中得到什麼樣的快樂或興奮？他會一直要求著自由和解脫，從不考慮要怎樣才能使其伴侶的生活更輕鬆、更富裕。這是一種不幸的做法；猶如緣木求魚。它不是罪惡，而是一種錯誤的方法。

*婚姻中雙方的責任

所以在準備我們對愛情的態度時，我們不能貪圖逸樂或只想逃避責任。愛情中如果含有猶豫或懷疑，愛情便不會堅固。合作需要有永恆不變的決心，當這種結合中含有堅強不變的決心時，我們認為它才是真正愛情和幸福婚姻的例子。

這種決心不僅有生兒育女的決心，並且要教育、訓練他們合作，盡我們的力量使他成為良好公民，成為人類種族中平等負責的一份子。

美好的婚姻，是我們養育人類未來一代的最好方法，所有婚姻都應該記住這一點。婚姻其實是一項工作，它有自己的規則和方法，我們不能只選用其中一部分，躲避其他部分，而又不涉及地球上的永恆定律——合作。

如果我們只把責任限制在五年之內，或者把婚姻當做是一段試驗期，那麼就不可能有真正親密的愛情奉獻。

男人和女人如果這樣地為自己留退路，他們就不會集中全力來從事這項工作。任何一種嚴肅而重要的生活，都是不能先替自己安排脫身之計的。我們無法造出有限度的愛情。

所有老謀深算、千方百計想從婚姻中脫逃的人，都走上了錯誤之途。他們脫逃的企圖，會損害他們的配偶，使其心灰意懶；在失望之餘，他們的配偶也會成全其逃脫的願望，而不再履行他們決定要一起實現的諾言。

在我們的社會生活中有很多困難，它們使許多人無法按正當途徑，來解決愛情和婚姻問題，即使他們有心要解決它，也是無可奈何。

但我們卻不能因此而放棄愛情和婚姻，我們要消除的是社會生活的困難，也知道甜蜜的愛情關係需要哪些特性——真實、忠誠、可靠、不保留、不自私。

＊婚姻中的約束與自由

一個人整天疑神疑鬼，他就不適於結婚。如果夫妻兩人都決心要保留個人的自由，真誠的愛情關係就沒有實現的可能。這不是愛情。

在愛情關係裡，我們並非無拘無束、可以肆意行動的。我們必須受合作的約束。個人的獨斷專行，不僅對婚姻的成功和人類的福址無益，而且會損害到男

女雙方。

　　有一個個案，一對分別都離過婚的男女結了婚。他們都是教育程度頗高的人，而且都希望第二次的結婚會比初次理想。但是他們卻不知道，他們的初次婚姻是如何失敗的；他們只想找尋補救之道，可是都看不出自己缺乏社會興趣。他們自命為自由思想者，希望能有不受拘束的婚姻，以免彼此感到厭煩。

　　因此，他們約好每個人都有完全的行動自由，大家都可以做自己想做的事情，不過卻要彼此信賴，把自己做過的事情告訴對方。

　　在這一點，這位丈夫似乎勇敢得多。每當他回家時，總有許多風流韻事來告訴他的妻子，她似乎很喜歡聽這些話，並深以為她丈夫的風流倜儻為榮。

　　她一直想仿效他，建立她自己的愛情關係，但在採取行動之前，她卻患上了公共場所恐懼症。她不敢單獨出門；她的精神病使她整天待在家裡，當她跨出家門時，就覺得渾身不對勁，不得不退回去。這種恐懼症，表面上看起來，似乎是避免使其決心付諸實現的方法，其實還不僅如此而已。

　　由於她不能單獨出去了，她的丈夫也只好在她身旁陪她。這種婚姻的邏輯是如何打破其決定的。這位丈夫由於要留下來陪伴妻子，再也無法成為自由思想者了。而她因為害怕單獨出門，所以也無法運用她的

自由。這位婦女如果想治癒的話，必須先對婚姻有較清楚的了解，她的丈夫也必須把它看做是一種合作的工作。

＊失敗者的原因

另外還有許多錯誤，是在婚姻開始之前就已經造成的。在家中嬌生慣養的孩子，結婚之後經常會覺得受到忽視。他們不能適應社會生活。

被寵慣的孩子，結婚後也可能成為暴君，使他的伴侶覺得受人凌虐，覺得自己是在牢籠裡，而想要反抗。當兩個嬌生慣養的人碰在一起時，一定會發生許多有趣的事情。他們兩個人都會要求對方關心自己、注意自己，可是兩個人都不會覺得滿意。

下一個步驟就是找尋解脫之道。其中之一開始和別人勾搭，希望能獲得較多的注意。有的人無法只和一個人戀愛，他們必須同時和兩個人墜入愛河，這樣，他們才感到自由。他們能從一人身邊逃到另一人身邊，而且不必負愛情的全部責任。腳踏兩條船其實就是一無所有。

還有些人想像出一種浪漫的、理想的而非人力所能及的愛情，他們沉迷在他們的幻想裡，而不在現實中尋求他們的伴侶。

太高的愛情理想，會拒絕發生戀愛的機會，因為

他們總覺得沒有人配得上他們。

＊性冷感和心理陽萎

有許多人，尤其是女人，由於在發展中的錯誤，而訓練自己要討厭並排斥自己的性別角色。她們妨害了自己的自然功能，如果未經治療的話，她們在身體上也無法完成成功的婚姻。這就是對男性的羨慕。

在現代的文化中，由於對男性的地位過份高估，最容易造成這種錯誤。

如果孩子懷疑自己的性別，他們就會感到不完全。只要男性的角色，被認為是較佔優勢的角色，不管是男孩或是女孩，都會自然而然地，覺得男性的角色是值得羨慕的。他們會懷疑自己是否有足夠的能力，來扮演這種角色，會過分強調男性化的重要性，會設法避免別人試驗自己的男性化程度。

在我們的文化中，這種對性別角色的不滿是非常普遍的。在所有女性冷感症和男人心理性陽萎的個案裡，我們都懷疑它的存在。

這些個案都是對愛情和婚姻的抗拒，而且這種抗拒正是適逢其所。除非我們真正有男女平等的感覺，否則就不可能避免這種失敗；而且只要一半人類還有對其地位覺得不滿的理由，婚姻的成功就仍然有很大的障礙。

這裡的補救之道是平等的訓練，而且我們也不能容許我們的孩子，對其未來的性別角色感到模糊不清。

＊友誼是婚姻的準備

　　友誼是訓練孩子社會興趣的方法之一，在友誼中我們學會如何推心置腹，如何體會到別人的心情與感受。

　　如果一個孩子受到了挫折，他始終受人監視與保護，他孤孤單單地長大，沒有同伴也沒有朋友，他就不會發展出為別人設想的能力。他一直認為他是世界上最偉大的人，而且也急著要保全他自己的利益。

　　友誼的訓練是一種婚姻的準備。如果我們把遊戲當做是一種合作的訓練，它也是很有用的；但是在孩子的遊戲裡，我們卻經常發現競爭和超過別人的欲望。佈置一些能夠讓兩個孩子一塊工作、一塊讀書和一塊學習的情境是很有意義的。我們絕不可小看舞蹈的價值，像舞蹈這一類活動，必須讓兩人完成一件共同的工作，因此舞蹈的訓練對孩子是有益處的。

　　當然，這裡指的並不是表演性質多於共同工作的舞蹈。如果我們有專供孩子跳的簡易舞蹈，這對於他們的發展必然有很大的好處。

　　職業的問題，也能幫助我們看出一個人，是否已

經做好了婚姻的準備。

　　現在，對於這個問題的解決，必須置於愛情和婚姻問題之前。配偶之一，或夫妻兩人都必須有職業，這樣他們才能解決他們的生活，並支持他們的家庭。我們不難了解，良好的婚姻準備，必然包含有良好的工作準備。

　　我們不難看出一個人在接近異性時的勇敢程度，和他合作能力的程度。每一個人都有他獨特的接近方法，都有他獨特的戰略，及其求愛的氣質。這些都是和他的生活風格協調一致。在這種戀愛氣質中，我們可以看出他是否對人類未來點頭稱是，是否有信心，是否合作？或只是對自己個人有興趣，臨場退縮，並不斷責問自己：「我將扮演怎樣的一齣戲？他們會怎樣想我？」

＊男女不同的戀愛風格

　　一個人在戀愛的時候可能小心翼翼，也可能熱情激進，無論如何，他的戀愛氣質總是和他的生活風格符合一致，而且只是他的一種表現而已。

　　我們不能完全憑一個人在戀愛時的表現，來判斷他是否適合於結婚；因為這時他有一個直接的目標在眼前，在其它場合，他可能變得優柔寡斷、猶豫不決。但是，我們仍然能從其中獲得有關他人格的可靠

指標。

在我們的文化環境下（也只有在這環境下），通常人們多期望男性採取主動，先表示出愛慕之意。因此，只要這種文化繼續存在，我們就必須訓練男孩子培養男性的態度──主動、不猶疑、不退縮。

但是，他只有覺得自己是整個社會生活的一部分，並將其利弊視爲與自己切身相關時，他們才願意接受這種訓練。當然，女性也參與戀愛，她們也可能採取主動；但是在我們現在的文化情況下，她們覺得自己非保守不可，因此她們對異性的仰慕，表現在她們的風姿儀態、穿著打扮以及舉止談吐裡。所以，我們可以說，男性對異性的接近是簡單而膚淺的，而女性則是深沉複雜的。

現在，我們可以再做進一步的討論了。

＊夫妻間的性吸引力

對於配偶的性吸引力是絕對必要的，但是它應當依人類的福址來加以改進。如果配偶真正地彼此感到興趣，他們就不會遭遇到性的吸引力消失無餘的困難。這種消失總是意味著興趣的缺乏，它告訴我們，這個人對他的伴侶不再覺得平等、友善及合作，也不願意再充實其伴侶的生活。

有時候，人們覺得興趣仍在，可是吸引力卻消失

了。這絕不是眞的。我們時常撒謊，腦筋也經常不明白，但是身體的功能卻會吐露了實情。

如果性的功能有了缺陷，必定是兩人間沒能眞正的協調。他們彼此都已經喪失了興趣，要不然至少也是其中之一，不再希望解決愛情與婚姻的問題，而只尋找著逃脫之道。

人類的性動力和其他動物的性動力有一點不同之處，它是連續不斷的。這是人類的福址與延續得以確保的另一途徑；人類之所以增加、綿延不斷，並能以其巨大的數量，來安然度過種種浩劫，都是由於這個緣故。其他的動物都採用了另外的方法，來保存他們的生命，例如，有許多動物的雌體都產下大量的卵，它們大部分在成熟前已經受到毀壞了，但是有一部分總能安然無恙，因此這些動物也能生存下去。

生兒育女是人類保存生命的方法之一。因此在愛情和婚姻的問題中，我們發現了最能夠自動自發關心人類利益的人，都是最盼望要生育兒女的人；在意識中對其同類不感興趣的人，都會拒絕接受子女的負擔。

如果他們總是要求和期待，而不願給予，他們就不會喜歡孩子。他們只關心自身，而把孩子看做是一種麻煩、一種累贅、一種負擔，一種會妨害他們自身利益的東西。

所以，我們可以說：要圓滿地解決愛情和婚姻的問題，生兒育女的決心是必不可少的。婚姻是我們可知道的、養育人類未來一代的最佳方法，所有的婚姻都應該記住這一點。

＊婚姻的破裂

在我們實際的社會生活中，對愛情和婚姻問題的解決是一夫一妻制。它需要真誠的奉獻，以及對配偶的關注，因此，誠心誠意地開始這種關係的人，就不會破壞其基礎而尋找脫身之道。

但是，我們也知道，這種關係並不是沒有破裂的可能性，只是我們無法永遠避免其破裂。最能避免它的方法，就是把愛情和婚姻當做是一種社會的工作，是一種我們期望能把它解決的問題；然後我們才會想盡各種辦法來解決它。

這種破裂之所以發生，通常是因為配偶們未付出全力，他們不想創造出美滿的婚姻生活，只等待著要獲得某種東西。如果他們以這種方式來面對這問題，他們自然會失敗。

把愛情和婚姻當做像天堂一樣，是錯誤的；把結婚當做是戀愛史詩的終結也是錯誤的。當兩個人結婚後，他們的各種關係才是正式開始，在婚姻裡，他們才面臨了生活的真正工作，才有了為社會而創造的真

正機會。

另外一種觀點，把婚姻看成一種終結或一種最後目標的觀點，在我們的文化中也是非常流行的。

比如說，在許許多多的小說裡，我們都能看到這種看法。新婚夫妻其實正是他們一起生活的開始，然而，小說的情節卻描述得似乎一結婚，什麼事情都圓滿地解決了，好像他們的工作已經大功告成了。

另外一個必須加以認識的重要觀點是，愛情本身並不能解決一切。愛情的種類非常繁多，要解決婚姻問題，最好是依賴工作、興趣和合作。

在這整個關係中，並沒有什麼神秘的事情。每一個人對婚姻的態度，都是其生活風格的表現之一；如果我們能了解他的為人，就能瞭解它。它和他的各種努力和目標都是一致的。

所以，我們應該能夠看出，為什麼有那麼多人，總是想尋找解脫或逃避。這是在我們社會生活中一種危險的類型——這些長大了的、被寵壞的孩子，他們的生活風格都固定在四、五歲的階段，而始終有著這樣的觀念：「我能夠得到我想要的東西嗎？」

如果他不能得到他想要的每件東西，他會認為生活是沒有目的的。「如果我不能得到我想要的東西，」他們問道：「生活還有什麼用呢？」他們變得悲觀，他們虛構出求死的願望。

他們把自己弄得神經兮兮，從他們錯誤的生活風格中，他們構成了一套自己的哲學。他們認為他們的錯誤觀念，是天下唯一的法寶，由於這個世界壓抑了他們的欲望和情緒，所以他們要表現出這種切齒的痛恨。

　　他們一直都在受著這種訓練，他們曾經享受過一段美好的時光，當時，他們能隨心所欲地得到每件東西。因此，他們之中有些人仍然以為，只要他們哭得夠響，只要他們提出抗議，只要他們拒絕合作，就能獲得他們所要的東西。他們不顧人類生活的息息相關，只管他們的個人利益。

　　結果，他們不願意奉獻一己之力，只希望不勞而獲而變得貪得無厭。所以他對婚姻也是淺嘗即止，他們希望有試驗性的婚姻、露水夫妻式的婚姻，以及能夠隨意離婚的婚姻。

　　在結婚之前，他們就先要求自由和不忠的權利。可是，如果一個人真正對另一人感到興趣，他就會擁有屬於這種興趣的各種特徵 —— 他必須成為真誠的友伴；必須勇於負責、使自己忠實可靠。

　　不能成功地完成這種愛情生活或婚姻生活的人，在這一點，總應該了解他的生活犯了什麼樣的錯誤。

　　關懷孩子的幸福也是非常必要之事。如果父母經常吵架，並將他們的婚姻視同兒戲，他們不再認為問

題能夠順利解決、關係能夠延續下去，那麼這種婚姻，就不是能夠幫助孩子發展其社會性的有利情境。

或許人們有許多不能生活在一起的道理，也許有某些場合他們最好還是分開，但誰能做這種決定呢？

＊關於情人

我們可以將這種決定權，付之於那些自己都沒有受到良好教養、都不了解婚姻是一項工作、而且又只關心自己利益的人嗎？他們對於離婚的看法，正如他們對結婚的看法一樣：「從其中又能得到什麼好處？」他們顯然是不適於作決定的人。

經常有很多人一再地結婚又離婚，又一再地犯下同樣的錯誤。那麼應該由誰來決定呢？或者我們可以想像，當婚姻中出現了某些差錯，應該讓心理學家來決定它是否應當決裂。當然這在現實中是有所困難的。

在歐洲，大部分的心理學家，都主張個人的利益是最重要之點。所以，當他們遇到這種個案時，會勸當事人去找一個情人，認為這樣就能解決掉問題。

但是不久他們就會改變主意的。他們之所以會做這樣的建議，是因為他們不了解這個問題的整體性，以及它和我們這個世界上的其他工作之間的緊密關係。

當人們把婚姻視為是個人問題的解決方法時，就犯了類似的錯誤。

在歐洲，當男孩子或女孩子有精神病傾向時，心理學家或勸他們去找情人或開始性關係。對成人他們也給予同樣的勸告。這其實是把愛情和婚姻當做是一種靈丹妙藥，結果反而使病人更為徬徨，更不知何去何從。

愛情和婚姻的正確解決，屬於整個人格最完美的實現。沒有哪一個問題，比它包括更多的歡樂，以及生活中真實且有用的表現。我們絕不能視之為微不足道的小事。也不能把它當做罪犯、酗酒或精神病的救急藥方。

精神病患者在適於愛情和婚姻之前，必須先接受正確的治療。如果他還沒有適當地應付這些問題，就冒然從事，一定會遭到新的危險和不幸。

＊創造完美的婚姻

婚姻是一種非常高的理想，它的解決，需要我們做出許多努力和創造活動，身心不健康的人，是很難負起這個重擔的。

在其他方面，婚姻也經常指向不正當的目標。有些人是因為經濟上的穩定而結婚的，有些人是為了憐憫別人，還有些人是為了要獲得一個僕役來伺候他。

婚姻中是不容許有這一類兒戲的。

在所有婚姻破裂的案件中，實際蒙受其害的總是女方。無疑這是因為男士在我們文化中，所受拘束較少的原因。這是我們的一種錯誤，但是它卻無法僅由個人的反抗而改正過來。

尤其是婚姻本身，個人的反抗總是會擾亂到社會關係和伴侶的興致。要克服它，只有先看清我們文化的整個態度，並加以改變。

阿德勒的一位學生，底特律的羅希教授（Professor Rasey）曾經做過一次調查，發現有42%的女孩子都希望自己能身為男人；這表示她們對自己的性別非常不滿。

當一半的人種，對自己所處的地位感到沮喪和不滿，而且反抗另一半享有的較多的自由時，愛情和婚姻的問題，能夠輕易地解決嗎？當婦女總是期待受人重視，而相信自己只不過是男人的玩物，並認為男人們不忠是理所當然的事，那麼愛情和婚姻的問題能輕易解決嗎？

從我們所說過的這些，我們可以得到一個簡單明白而實用的結論。人類不是天生就該一夫多妻或一夫一妻的。但是我們居住在地球上，被分為兩種性別，要求和我們平等的人類交往的事實，以及我們必須以有效的方式，解決環境所加給我們三個生活問題的事

實，能幫助我們看出，只有一夫一妻制，才能使個人在愛情與婚姻中，發展至最高和完美的境界。

附　錄

阿德勒超越自卑的一生

＊猶太商人的後裔

　　阿弗瑞德・阿德勒（Alfred Adler），於一八七○年生於奧地利首都維也納郊區。他的父親是一名猶太商人，主要做穀物生意。由於父親經營有方，他的家境頗為富裕，一家人熱愛藝術，尤其是音樂。

　　阿德勒極為看重一個人兒時的經歷，認為他在四、五歲時，即可決定一個的生活風格，而且這時的遭遇，對人往後一生影響甚鉅。這一思想多半出於他個人的早年生涯。

　　童年的的阿德勒身體虛弱，患有軟骨症而導至駝背，這和他相貌英俊、身材挺拔的哥哥，形成鮮明的對比，也使得小阿德勒感到自慚形穢。

＊改變人生的遭遇

　　但阿德勒並沒有讓身體上的缺陷壓倒自己，相反地，這更激發了他的上進心。他喜歡交遊，結交了各種各樣的朋友，在孩子的遊戲中，也總是試圖超過他的哥哥。他的父親鼓勵他說：「阿德勒，你不可以相信任何事。」就是告訴他，不能讓眼前的困境束縛住自己，不能自認當下的困難就是人的一生，而要勇於突破，大膽地去開創自己的生活，這種堅強的信念，造就了阿德勒一生的功名。

　　五歲時一次的遭遇，幾乎改變了他的一生。那一

年，他患上了致命的肺炎，醫生認為他快死了，家人也不抱什麼希望。但幾天後，他竟奇蹟般地康復了。這場病使得他萌生了要當一名醫生的志願。他要用這個生活目標，去克服童年的苦惱和對死亡的恐懼。所以，儘管他很喜歡音樂，他有許多與藝術相關的高深造詣，他還是選擇了心理醫生的職業，他許多個體心理學的觀點，都可以追溯到童年時的這一遭遇。

＊從劣等生到優等生

阿德勒五歲時上小學，九歲時進入佛洛依德十四年前上過的中學。

剛上中學時，由於他的數學不好，被老師視為劣等生，老師因此看不起他，並建議他的父親讓他去當一名製鞋工人。當然，他的父親拒絕這樣做，但這事也刺激了好強的阿德勒，促使他努力學習，在數學上有了很大的進步。偶然的一個機會裡，他解決了一道連老師也感到頭痛的數學題，成了班上的優等生，更增強了他的自信心。

阿德勒後來經常提到這件事，在不無自豪的同時，也啓示人們：人的潛力是沒有局限的，更不是天生註定的，只要肯去挖掘，每個人都有成功和飛躍的機會，這也是阿德勒個體心理學的一個重要原則。

＊醫學博士和俄國人的婚姻

中學畢業後，阿德勒如願以償進入維也納醫學院，系統地學習了有關心理學、哲學的知識，並受到良好的醫學訓練。

一八九五年阿德勒獲醫學博士。畢業後他先在維也納醫學院實習了一段時間。一八九六年的四月到九月，他應徵服役，在奧地利軍隊的一所醫院工作。一八九七年到一八九八年，他又回到母校去深造。

在這期間，他跟來自俄國的留學生羅莎結婚。羅莎出生於莫斯科的猶太人家庭，是個能言善道、擅長交際也很能幹的女人。但她突出的個性，和熱烈得有點社會主義意味的激情，與阿德勒矜持而保守的貴族氣質不太一致，以至於他們的婚姻最初常有摩擦。阿德勒在回憶錄中說，男女平等這件事，說比做容易得多。但後來兩人還是恩愛非常、白頭偕老。這大概與醫學博士特有的耐心、細膩的引導有關吧！

一八九九年，阿德勒在維也納有名的布雷特公園附近，開設了自己的診所。他的病人多為藝術領域裡的人，如畫家、音樂家等。他發現這些富有創造性的藝術家們，往往是在克服了兒時生理上的缺陷和意外事故等種種不幸，才發展出不凡的才幹。

在工作之餘，他廣交朋友，常到咖啡館去和各式各樣的人聊天、飲酒作樂，他的不拘小節和開朗的個

性，使他和三教九流都能成爲朋友。

當然，阿德勒絕不是在此虛度光陰，他在觀察社會上各階層的人們，了解他們的童年和主要的經歷，再進行比較和分析。這是心理學家不同於常人之處，也爲他日後創造個體心理學準備了豐富的資料。

* 佛洛依德的密友

一九○○年前後，阿德勒的研究興趣，集中在精神病理學方面。他也熟讀佛洛依德的《夢的解析》一書，認爲這本書有助於了解人性。一九○二年，他寫了一篇分析《夢的解析》的文章，發表在維也納一家有名的學刊上。該文立刻引起佛洛依德的注意，他很欣賞這位年輕的醫學博士，對精神分析學的看法和理解的深度。

佛洛依德不久就給阿德勒發了一封親筆信，邀請他加入由他本人主持的「星期三精神分析協會」。

阿德勒的加入，使佛洛依德很高興，因爲他的思想和見解，大大加深了精神分析學的研究，阿德勒也隨之聲名鵲起。

一九一○年，阿德勒成爲著名的維也納心理分析協會，繼佛洛依德後的第二任主席，並擔任心理分析學刊的編輯。

這些經歷，使阿德勒成爲精神分析學派僅次於佛

洛依德最有影響力的人物，也爲他日後創立自己的學派打下了基礎。

＊分道揚鑣

　　儘管阿德勒加入了精神分析學會，但他對佛洛依德的許多觀點，並不是沒有保留，而是有著自己的看法，他尤其不贊成佛洛依德對性的看法，和他分析夢的方法。

　　一九〇七年，阿德勒發表引起很大爭議的文章《器官缺陷及其心理補償的研究》，標識著他與佛洛依德的分歧已經明顯化了。

　　阿德勒在這篇文章中，首次引入了「自卑情結」的概念。他認爲，由於身體的缺陷或其他原因引起的自卑，一方面可能毀掉一個人，使人自暴自棄或發生精神病，但另一方面，自卑也能激發人的雄心，使人發憤圖強，以超於常人的努力和汗水，補償生理上的缺陷，從而成爲不平凡的人物。比如古代希臘的戴蒙賽因斯，從小就患有口吃的毛病，但是經過多年苦練，他不但克服了口吃，還成爲聞名於世的演說家。美國的羅斯福總統患有小兒麻痺症，他的自強不息，從逆境中走向成功的故事，更是廣爲人知。也有這樣的時候，生理上一部分的不足，在另一部分得到補償，比如尼采的身體不好，他棄劍就筆，寫出激勵人

心的權力哲學。類似的例子，在歷史上和現實社會中不勝枚舉。

這篇文章使阿德勒聲名大噪，文中的觀點爲日後有名的《那些不完美的，才是人生》一書所吸收和擴展。

到一九一○年前後，阿德勒的思想日益成熟。他先後發表了關於「自卑感」和作爲自卑補償的「欽羨男性」的文章，認爲不論男女，都有一種追求強盛有力的願望，以補償自己不夠男性化的缺憾。

接著阿德勒進一步使「自卑情結」的概念更完整。他認爲，不論有沒有身體上的缺陷，兒童的自卑感，總是普遍都有的一種現象，因爲孩子幼小，身體尚未發育，必須依靠成年人的幫助。如果這種自卑感在以後的生活中繼續下去，就會構成「自卑情結」。阿德勒認爲，自卑感並不是什麼壞的情感，或是變態的徵兆，相反的，他是每個人在追求更加優越的地位和完美的人生過程中，必然要出現的心理反應。關鍵在於如何對待這種自卑，是像孩子那樣，利用自卑作藉口逃避現實，還是勇敢地克服和超越自卑，走向成功的人生。

阿德勒不但形成了自己的思想體系，它的主要觀點，與佛洛依德的精神分析主義大相逕庭，而且，他有了一小批熱烈的追隨者。

對阿德勒的變化，佛洛依德一開始還能容忍，但不久兩人就鬧翻了。

一九一一年，佛洛依德與阿德勒的分歧公開化了。佛洛依德致信心理分析學會的發行人，要他把學刊封底的阿德勒的名字刪去，否則就要把他自己的名字去掉。事情鬧到這種地步，已經是水火不容了，阿德勒乾脆帶領九名同伴退出心理分析學會，正式與佛洛依德分道揚鑣了。

＊創立「個體心理學」

與佛洛依德決裂之後，阿德勒組織了「自由心理分析學會」。一九一二年，他正式稱自己的思想體系為「個體心理學」。

這一年，阿德勒四十二歲，他帶領自己的追隨者，全力投入到對人類個體心理研究之中，開創了心理學史上一個重要的學派，對人類個體的研究，做出了不可忽視的貢獻。從某種意義上來說，阿德勒是人類歷史上，第一個深入到個人心理最深處，以科學的態度，探究人的成功與失敗的動機和原因的學者，他取得的成就，豐富了人類對自身精神世界奧秘的認識。

這裡不能不提到對阿德勒的「個體心理學」產生重大影響的一位哲學家的名字。他就是德國新康德主

義的代表人物懷亨格。

懷亨格是康德哲學協會的創始人，他於一九一一年，也就是阿德勒與佛洛依德分裂的那一年，發表了一本重要的著作《「虛構」的哲學》，這本書中的思想，對阿德勒產生了重要的影響。

懷亨格提出了「虛構主義」的概念，他認爲人都是依靠一些現實社會中並不存在的目標而生活的。例如：人生而平等、善有善報、宇宙爲有秩序的實體等觀念，並非眞實存在，相反的，現實的世界恰好與這些觀念相矛盾。但這些重要的觀念，卻深刻左右著人們的思想，指導著人的行動──儘管它是虛構的。

這個觀點令阿德勒很興奮，也立即激起他的共鳴，他馬上寫信給懷亨格，和他討論心理學的問題，懷亨格也回信給他，共同探討感興趣的話題，交換資料。

很快，阿德勒就把懷亨格的「虛構主義」，引入他的心理學研究中來。他提出，促使人類行動的動機，是個人對未來的期望（虛構），而不僅止於他過去的經驗。這個他期望的生活目標，雖然是自己虛構的，卻能使人按照自己的期望去行動。阿德勒認爲，個人一般並不了解他的生活目標的眞實意義，它常常是潛意識的，但個人卻能借此產生一種動力和優越感。

阿德勒這個揭示是關鍵的，他讓我們明白，為什麼很多人每天生活在夢想中，儘管不斷地失敗，仍然固執於自己的目標，他把自己虛構出來的幻想，錯誤地當做了現實的生活。

　　阿德勒進一步指出，每一個人都有他「想像的目標」，人的全部心理表現、行為和創造力，都集中在這個虛構的目標上。因此要真正了解一個人，就必須了解他追求的目標，同時要改變一個人的行為方式，也只有修改他的生活目標才能奏效。另一方面，失敗者或精神病患者可以透過分析自己的生活目標，改變對自己或世界的看法，重新鼓起勇氣，克服自卑，面向未來。

＊聲望日隆

　　不久，第一次世界大戰爆發，阿德勒到奧地利軍隊中服役，成為一名軍醫。戰爭給人的肉體和心理造成的雙重創傷，使阿德勒深受震憾。他訪問了戰火中的兒童醫院，孩子們可憐的目光以及灰暗的臉色、破碎的靈魂，更讓他感到戰爭的可悲，和人類自相殘殺帶來的毀滅性後果的可怕。

　　這場戰爭使得阿德勒「個體心理學」的內容有了重大的變化。退役後，他開始研究人的社會責任感和合作精神，並提出了「社會興趣」的概念。

所謂的「社會興趣」，也稱「公共意識」或「集中精神」，是指個人具有的為他人、為社會的自然傾向。阿德勒認為，一個人有無社會興趣、有無合作精神，是心理健全與否的重要指標。他認為許多生活中的失敗者，都是由於太專注於個人的利益和目標，而缺乏社會興趣和對他人的關懷，不能與他人合作造成的，因此他主張從小就教育孩子要有合作精神，有利他意識。

　　這一思想，是個體心理學的重要轉折點，他表明了阿德勒對個人的現實生活問題的關注，對人和他所處的社會環境的關係的關注。這一點從阿德勒的名作《那些不完美的，才是人生》中充分表現出來，他不是專注於個人精神的研究，討論玄之又玄的哲學問題，而是把目光擴大到人在現實生活中面臨的種種困境上，從人和他所處的環境中，尋找破除心理障礙和培養健康心態的方法，親切、隨和而實用，此即為這本書一出版即廣受歡迎的重要原因。

　　阿德勒對人面臨社會現實問題的強烈關注，帶有馬克思主義的印記，也有社會主義者的色彩。事實上他在一八九八年前後，讀了馬克思的一些重要作品，於一九○九年，寫了一篇關於「馬克思主義的心理學」的文章，這是目前所知道最早的一篇將馬克思主義與心理學聯繫起來的研究論文。他也是社會主義的

同情者，並支持社會民主運動。

　　阿德勒的這一重要變化，使他的學會發生了分裂，一些原來的追隨者退出了他的學會，這多少影響了他在學術界的地位。

　　但個體心理學在臨床應用中的影響卻越來越大。他和學生們在維也納三十多所中學中，建立了個體心理學診所。這是一些諮詢性的機構，配合學校的老師，排除孩子們的心理障礙。這些診所辦得十分成功，使得在一九二一至一九三四年間，維也納地區的青少年犯罪顯著減少。也因為如此，阿德勒的個體心理學，對教師有很大的影響，使他們對教育的看法和方法有了新的認識，更有許多個體心理學家，就是由教師深造而來的。

　　在這個過程中，個體心理學的研究氣氛越來越少，而實用性和大眾性成了它的主要特色。阿德勒把他的理論，應用到兒童教育和人們日常生活的問題上，把孩子、教師和普通百姓當作學問的對象，並以通俗易懂的語言發表演講，這使阿德勒的聲望與日俱增。

　　到一九二〇年前後，阿德勒已經聲名遠播了，他不但在維也納有眾多的擁護者和追隨者，更引起了全世界的注意，有許多人慕名前來，到維也納拜師求教，阿德勒也應邀到歐洲各國講學。一九二六年，他

到美國講學，受到社會各界的歡迎熱烈，次年成為哥倫比亞大學的客座教授。

一九三二年，他受聘擔任長島醫學院醫學心理學教授。就在這一年，他出版了《那些不完美的，才是人生》一書，聲譽卓著。

*自卑感——人類進步的動力

阿德勒和佛洛依德重要的分歧點，在於他們對人類行為的原動力有不同的看法。佛洛依德認為，性本能是人的原動力，並把一切歸咎於性。而阿德勒不同意這一看法，認為佛洛依德誇大了性的作用，他著重於人與外界的關係，從而使他的個體心理學，超越了自我的狹小範圍，他對自卑感的研究便由此而來。

最初，「自卑」的概念主要是心理機能上的。阿德勒認為，兒童在生理上的缺陷，常常引起主觀上的自卑感，它帶有柔弱、服從、依附的特質，讓這種自卑感發展下去，就屬於女性或弱者。而對自卑感的反抗，就屬於男性的特質，諸如侵略性、勇敢、自由、充滿活力等。他認為，人類普遍有重男輕女的現象，這使男女兩性都從自卑感中，反應出過度追求男性化的傾向，希望以男性的方式征服世界和表現自我。阿德勒認為這種過度的「優越情結」是有害的。

不久，阿德勒進一步擴大了自卑感的延伸，它不

僅指人生理上的缺陷，也包括了人面對現實的社會和生活產生的種種不滿和不理想中產生的自卑感。他進而把這種自卑和人類的進步聯繫在一起，認爲人受不滿足感的刺激而尋求超越之道，便使人向更高層次進步了。因而，人追求的目標，都是對自卑感的補償和超越，是自我的實現，人的潛能和創造力，都是在這個過程中迸發出來的。

其實，在現代社會變化劇烈而競爭殘酷的狀況下，任何人都會不斷遭到自卑感的衝擊，它是人類正視現實的一種理性的自我反省的心態。承認不足才有進步的動力，可是躍上新的境界後又會發現新的自卑——在你的身邊，總有比你更強的人，於是就再向新的優越目標前進。這樣，在自卑感與優越的距離不斷地接近而又拉開的過程中，人便不斷地超越了自己。

整個人類也是如此，世界上大國與小國、強國與弱國、富國與窮國之間的競爭和進步，也無不遵循著類似的規律。對生存的危機和競爭的激烈感覺越強烈的國家，進步就越快。相反，閉關自守、不承認自卑、落後，就會被歷史的腳步所拋棄。由此，阿德勒認爲，全部人類文化的動力，都建立在自卑感之上。如果用當代人的眼光來看，阿德勒的自卑概念與悲劇意識、危機感一脈相承，都是由於主觀上意識到自身

的缺陷、不足，和面臨的困境而激發出的超越自卑的局限，向困難挑戰的強烈願望。但從《那些不完美的，才是人生》一書中人們會看到，阿德勒把人在日常生活中，面對這類最常見的問題時，所處的心境和解決之道，闡揚得更爲深刻，也更爲平實，那種在細膩的體貼中蘊含的獨特魅力，是同類著作無法比擬的。

＊創造性自我

阿德勒在自卑及其超越的概念中，特別強調了作爲個體的人的創造性力量。自卑大都是由先天或遺傳的生理上的缺陷而產生，也包括人所處的環境，對人的壓抑和排斥造成的抑鬱之感。在阿德勒看來，這些都是經驗的東西，它們並不規定一個人的道路，也不能決定人的一生的本質。重要的是，人是有自主性的，他能按照自己憧憬或虛構的目標，有選擇地看待生活中的這些經驗。而這種選擇性，便是人與生俱來的創造性，它決定著每個人的發展。

由此，阿德勒反對強調誇大先天的、遺傳的因素，以及環境的因素在一個人成長中的作用，他認爲重要的不是生來具有什麼，而是你如何運用你的資質。

比如，每個人都會有自卑感，但不同的人可能有

不同的選擇——

其一是自慚形穢，被自卑感壓倒，在消沉中萎靡不振，在憂鬱的情緒中越陷越深而不能自拔，形成惡習的「自卑情結」。

其二是刺激起相當強烈的反抗心理，急於改變自卑感地位，不顧他人的利益，極端地自私，形成專注於自我的狂熱的「優越情結」。這是和極端的自卑者完全相反的人格類型，由於他缺乏社會責任感和合作精神，同時過分妨礙他人，往往也遭到失敗的結局。

其三是上述二者的中間型，他既正視自己的自卑，圖謀克服和超越，更清楚人是社會的動物，人與人之間既有衝突、也有合作，而自我的成功就需要在合作中達成，需要兼顧他人的利益。這是一種理性的、健康的優越人格，看看當今的社會，這樣的人才如魚得水、無往不利。

從這個簡短的例子看來，每個人都有決定自己生活的自主性，生活中時刻呈現出多種多樣的機會，人完全可以選擇對自己最合適、最能體驗到自我的一種方式去追求。

阿德勒的這一思想的影響是極其深遠的，他讓人看到了自身的無限潛能和可能性。他的創造性自我，被稱為是「人格理論家所取得的最輝煌的成就」。從中既可以看到康德對人的主體性的提升，也可以看到

馬克思對人的主觀能動性的高揚。而且，阿德勒的這一思想，直接啓發了後來法國的存在主義心理學，從薩特對自由、選擇、存在的高度重視中，不難看出阿德勒的影子。

＊生活風格

在《那些不完美的，才是人生》及其他著作中，阿德勒使用了一個引人注目的新概念──「生活風格」。

阿德勒的人格理論，特別強調人的整體性和統一性，他認爲人的思想、價值、動機、行爲，都是由他的生活目標決定的，都帶有生活目標的印記，它們共同構成一個人的生活風格。只要仔細觀察，人在他的思維、情感、行動中，處處表現著自己的生活風格，比較起其他的人，自己是獨特的──每個人都有自己的風格，而對於自己則是一致性的，它在人的各種行爲中流露出來。

實際上，生活風格不過是阿德勒對人的自我的另一種說法。但由於他的獨到見解，和對人格的統一性的重視，實質上提升了「自我」的價值和地位，這是阿德勒對自我心理學的重要貢獻，他因此被稱爲「自我心理學之父」。

那麼，一個人如何形成他的生活風格呢？阿德勒

認為，人在兒童時期，便形成自己對生活和世界的看法。具體說，是在三到五歲前後，他的生活風格就大體上定型了。當然，那還是處於潛意識之中的，不被自己了解；但那以後，人的行為就受到生活風格的無形支配了。它主要包括：人的生活目標，他對自己和世界的看法，以後他實現生活目標所用的方式。

在阿德勒看來，要了解一個人，就不僅看他說什麼，要看看他怎樣做和做什麼，也就是了解他的生活風格。但如何才能確知一個人的生活風格呢？阿德勒指出了一條途徑：

一是看他的出生順序。出身順序不同，在家庭裡的地位就有差別，這種差別使他們形成對生活的不同看法和不同的人格。比如最小的孩子容易受寵、被嬌縱，自認為是小皇帝，日後就有依賴、軟弱、自大的性格，造成種種的問題。

二是對早期的回憶。回憶並不一定是準確真實的，它帶有選擇性，而對兒時記憶更帶有想像的虛構成分，從這個回憶中，可以看出他的生活目標和理想。

三是對夢的解釋。阿德勒對夢的看法與佛洛依德不同，佛洛依德認為夢是慾望的滿足，是實現在白天受壓抑的願望的手段。但阿德勒認為，夢更主要是體驗出個人對日常生活中所遇問題的態度，因而，夢貫

穿了人的生活風格。

在《那些不完美的，才是人生》一書中，阿德勒從這三條途徑入手，對諸多的個體進行分析，使每個人的生活風格凸顯出來，栩栩如生，細緻入微，充分顯示了個體心理學的非凡魅力。

「生活風格」是個體心理學的重要概念，阿德勒堅信每個人的獨特性，每個人都是獨特的事件和現象，因而不能把活生生的個體套入呆板的規範中去——那樣就失掉了人的個性或把人肢解成不同的部分，失掉了人的統一性——而應把人看作一個整體，有著獨特的生活風格。

＊阿德勒之死

到三〇年代，阿德勒已經功成名就，個體心理學的影響逐漸擴大，他的聲望如日中天。

一九三四年，阿德勒決定在美國定居。

一九三五年，他創辦《國際個體心理學學院》。

一九三七年，阿德勒應聘到歐洲講學，由於他聲望卓著，聘者太多，但他不辭勞苦，有時一天在兩個城市奔波演講。

終於，過度的勞累使阿德勒心臟病發，逝世於蘇格蘭的阿伯丁大學，享年六十七歲。

阿德勒的一生，可以說是不斷地超越自卑，走向

成功的一生——

　　他患有先天性軟骨症，兒時身體弱，並不特別受寵。五歲時還得過大病，受到死亡的威脅。但他堅強地活下來，而且活得樂觀與自信。

　　等到上學後，又因爲數學差受到老師的歧視，被當作劣等生看待，阿德勒憑著頑強的意志和刻苦的努力，改變了別人對他的看法而成了優等生。

　　就在他的心理學研究嶄露頭角的時候，他遭到佛洛依德的壓制和排斥，但他不懼權威，勇敢地走上自己渴望的道路。

　　他自己的事業開始不久，就趕上第一次世界大戰爆發，不得不中斷研究，到軍中服役，救死扶傷。戰爭終於結束，他的思想發生了重要的變化，但他昔日的追隨者和夥伴，卻因爲觀點不合而棄他而去，幾乎動搖了他在學術界的地位。阿德勒沒有貪戀小圈子的聲譽，把研究的熱情傾注到普通的百姓們平凡的生活中去，反而給他帶來更大的成功。

＊個體心理學的影響

　　對於阿德勒對人類個體心理的出色研究和取得的卓著成就，使個體心理學在他死後，吸引了越來越多的研究者，它的影響也日益深遠邃。

　　在一九四九年，著名的心理學家奧爾波特就預言

說，我們可以預見，個體心理學在二十世紀將迅速發展，因為唯有它的幫助，心理學才能符合它所研究和服務的人類本性。

個體心理學在多個有關人文科學的領域得到廣泛的運用，尤其以心理治療和教育領域最為突出。

在阿德勒看來，各種心理疾病或障礙都是「生活的失敗」，是由於錯誤的生活風格導致的。而錯誤的生活之所以產生，是由於個人專注於誇大的個人優越感，並缺乏足夠的「社會興趣」。如果一個人缺乏社會的興趣和與他人合作的精神，而自己的生活目標又遇到困難不能達到，人的心理就不平衡了、不正常了。

阿德勒的治療方式，就是透過分析病者的生活風格，幫助病者提高社會興趣，面對現實做出新的生活選擇。

這一點是個體心理學相當獨特的特徵，也是他廣受歡迎的重要原因，因為它透過提高人的社會興趣，改變了人在生活中的價值觀念，從而重新樹立了生活目標，填補了信仰的空白。

從這一點看，個體心理學有一種類似宗教的作用，而這恰巧是其他心理學派所忽視的東西。《個體心理學》一書的作者考西尼說：「我發現個體心理學填補了我的空虛，並優於其他理論體系，它通過它的

『社會興趣』概念，給了我一種生活哲學。」

　　的確，如果耐心地品味阿德勒的名作《那些不完美的，才是人生》，你會被作者對生活的無限熱情，和他對人類健康、理性、樂觀的執著精神深深的感動。尤其在一個物慾橫流、精神貧乏的年代裡，阿德勒的心理學，猶如沙漠甘泉，讓人重新體會到人生活的意義和價值，絕不僅止於金錢、物質和泛濫的私慾，它還有更廣闊，也更令人神往的精神園地。

　　目前，阿德勒的個體心理學，正被越來越多的人所知、所喜愛、所傳播。在美洲的「阿德勒心理學協會」，定期出版業務通訊和《個體心理學季刊》。在北美和歐洲有三十多個訓練機構和一百多個專業的阿德勒組織。德國也有龐大的個體心理學協會，出版《個體心理學》學刊。國際上也有個體心理學聯合會，定期開會，討論交流個體心理學的最新進展。

　　阿德勒認為自己的個體心理學的所有目的，在於增進人類福祉的偉大運動的繼承者。可以說，阿德勒為自己確定了這個生活目標是實現了，世界上有無數讀者，從阿德勒的名作《那些不完美的，才是人生》中，重新找到了自己生活的意義，成功地跨越了自卑感的局面。今天，仍然會有更多的人從這本書中，體驗個體心理學特有的魅力，省察自己的生活風格，尋求適合自我的超越之道。

國家圖書館出版品預行編目資料

自卑與超越：那些不完美的，才是人生 / 劉泗
譯. -- 1 版. -- 新北市：華夏出版有限公司，
2024.05
　　　　面；　　公分. --（Sunny 文庫；331）
ISBN 978-626-7296-93-6（平裝）
1.CST：阿德勒（Adler, Alfred, 1870-1937）
2.CST：學術思想 3.CST：精神分析學

　　　　175.7　　　112015733

Sunny 文庫 331

自卑與超越：那些不完美的，才是人生

翻　　譯　劉泗
出　　版　華夏出版有限公司
　　　　　220 新北市板橋區縣民大道 3 段 93 巷 30 弄 25 號 1 樓
　　　　　電話：02-32343788　　傳真：02-22234544
　　　　　E-mail：pftwsdom@ms7.hinet.net
印　　刷　百通科技股份有限公司
　　　　　電話：02-86926066 傳真：02-86926016
總 經 銷　貿騰發賣股份有限公司
　　　　　新北市 235 中和區立德街 136 號 6 樓
　　　　　電話：02-82275988　　傳真：02-82275989
　　　　　網址：www.namode.com
版　　次　2024 年 5 月 1 版
特　　價　新台幣 580 元（缺頁或破損的書，請寄回更換）

ISBN-13： 978-626-7296-93-6